운명을 바꾸는 만사형통 부적

獨叡不勝天命
一敗半生逢難

운명을 바꾸는 만사형통 부적

저자 귀곡자　　**편저자** 유덕선
펴낸이 최병섭　　**펴낸곳** 이가출판사
초판 1쇄 발행 2021년 2월 5일
출판등록 1987년 11월 23일
주소 서울시 영등포구 도신로 51길 4
대표전화 02)716-3767　　**팩시밀리** 02)716-3768
E-mail ega11@hanmail.net
정가 30,000원
ISBN 978-89-7547-126-1 (03290)

운명을 바꾸는 **만사형통 부적**

저자·귀곡자 | 편저자·유덕선

이가출판사

책을 펴내며

　부적을 크게 나누면 무속신앙에 뿌리를 두는 것과 예로부터 학문이 깊고 지식이 풍부했던 학자들이 주로 쓰던 것으로 도가(道家)와 선문(仙門)의 일반적인 것보다는 한 차원 단계가 높은 두 종류가 전해오고 있다.

　오늘날 보편적으로 널리 퍼져있는 부적은 대부분이 토속적인 유래를 지닌 것으로 그 근본적인 영험이나 효능과는 무관하게 세속에 전파되어 돌고 돌아서 현재에 이르게 된 경우가 대부분이다.

　모든 부적을 형태만 보고 비슷한 것으로 생각하기 쉬우나 사실은 전혀 그렇지 않다. 각각 효험을 발휘하기 위해 그 나름대로의 실제 현실사물(現實事物)에 부합한 형태와 원칙, 일정한 척도의 묘법들이 정해져 있다.

　부적이 그저 막연한 이물질이나 미신을 신봉하는 사람들의 전유물로 잘못 인식되어 우리들의 실생활 범주에서 도외시된 것은 부적을 이용하여 사욕과 영리를 탐하는 속된 무리들의 허망한 부추김이 하나의 원인이다. 효험 없는 과장만을 요란하게 앞세우다 보니 그 원초적 정체를 알 수 없도록 오리무중 상태가 되어버린 것이 더욱 큰 문제다.

　진정한 부적의 효능이나 영험함이 어떤 기형상의 붉은색 글자나 적색 돌가루에서 나오는 것이 전혀 아니라는 사실부터 알아야 한다. 그래서 그릇된 점을 바로잡아 심혈을 기울여 부적에 대한 이치를 세상에 밝히는 바, 정말 사실이 그럴까 하는 회의나 의구심에 빠져 주저하는 안타까운 일이 없기를 바란다.

　세간사 고금을 두고 천하 만물에 있어서 정도(正道)와 상규(常規)가 단 한 번도 사필귀정의 철칙을 벗어났던 경우가 없었다. 돌이켜 볼 때 적어도 최소한의 양심과 도덕과 진리의 수호적인 입장에 서서 책을 저술하는 편저자가 결코 허튼 소리나 잡된 기만으로 독자들을 현혹시키지 않는다는 확신을 가져준다면 더 바랄 것이 없다.

　이제부터 숨김없이 모든 것을 털어놓고 공개하는 비전의 법술(法術)로 인하여 세상에 잘못 확산되어 뿌리내린 비뚤어진 부적관이 바로 서기를 바란다. 또한 부적의 영험한 힘을 입어 독자들이 일익(日益) 번성을 소유할 수 있을 것이다.

　중국 춘추전국시대 후반에 육국(六國)의 재상을 혼자서 겸직하여 천하를 다스렸던 소진(蘇秦)과 장의(張儀)를 길러낸 바 있는 귀곡자(鬼谷子)가 황제 헌원씨(軒轅氏)를 기점으로 전래되어

오던 것을 완벽하게 체계적으로 정리하였다. 절차와 규범을 갖추어 최초로 사용상의 정법(正法)을 가르쳤다고 하는 이 묘방의 부적이 여러분을 실망시키거나 헛된 수고가 되지 않을 것을 확신한다. 물론 필수적인 규칙도 반드시 준수해야만 효험이 발생한다는 점을 명심하기 바란다.

올바른 취길피흉(取吉避凶)의 보익(輔翼)에 편저자가 비재천학(菲才淺學)이라도 일조할 수 있도록 음양으로 힘써주신 이가출판사의 노고에 깊은 감사를 드린다. 다시는 허망하고 어처구니 없이 재물을 필요 이상으로 길거리에 뿌리게 되는 우매함과 헛된 수고로움을 범하는 어리석음이 재연되지 않게 되기를 간곡히 기원하는 바이다.

雲谷主人 俞悳善

귀곡자

귀신을 부려 천하를 다스리다.

　귀곡자(鬼谷子, BC 400년~BC 320년)는 전국 시대의 가장 저명한 사상가이자 지략가이며 종횡가(縱橫家)의 시조이다. 본명은 왕후(王詡) 또는 왕선(王禪)이며 허난성(河南省) 운몽산(雲夢山)의 귀곡동(鬼谷洞)에서 은거하였기에 귀곡선생으로도 불렸다.

　그를 둘러싼 수많은 설화들이 예로부터 지금까지 분분하지만 관련 기록과 유적 그리고 그의 저서를 통해 종합해 볼 때 실존 인물임에는 틀림이 없다. 당나라 대 명리학을 체계화하여 중국 고대 명리학의 종사(宗師)로 불린 이허중의 『이허중명서(李虛中命書)』에 귀곡자에 관한 내용이 수록된 것으로 보아 귀곡자에 많은 영향을 받았음을 알 수 있다.

　사마천의 『사기』 「소진열전(蘇秦列傳)」과 「장의열전(張儀列傳)」에 귀곡자가 소진과 장의의 스승이라고 나온다. 또한 수나라의 역사서인 『수서(隋書)』의 「경적지(經籍志)」에는 종횡가와 관련된 저서로 『귀곡자 3권』이 기록되어 있으며 "귀곡자 초나라 사람. 귀곡에 은거"라는 주해가 달려 있다. 이렇게 『사기』와 『수서』는 귀곡자를 귀곡에 은거하며 유세론(遊說論)을 연구한 전국 시대의 은사라고 한다.

　귀곡자와 관련한 유적은 허난성 운몽산에 남아 있다. 귀곡동(鬼

谷洞), 방연동(龐涓洞), 귀곡정(鬼谷井)을 비롯하여 사신대(舍身臺) 등이 그것이다. 눈길을 끄는 것은 깊은 산중에 학교를 만들어 유세, 병법, 음양, 주술 등을 가르쳐 당대를 주름잡던 전문가들을 양성해 배출하였다는 것이다. 그의 제자로는 소진, 장의, 손빈, 방연 등이 있다. 그들은 혼란스런 정치 환경 속에서 중요한 인물이 되어 활동했다.

명나라 문장가 풍몽룡(馮夢龍)의 『동주열국지(東周列國志)』에서는 귀곡자를 이렇게 묘사한다.

"귀곡자는 천문에 통달하고 지리를 꿰뚫었다. 수많은 학파의 학문을 섭렵했는데 그를 따를 자가 없었다. 수학에 능통하여 하늘의 움직임이 그의 손안에 있었고, 병법은 귀신도 예측하지 못할 정도였다. 또한 유세학으로 다문박식하고, 이치에 밝고 형세를 깊이 살폈기에 말을 한 번 하면 만 개의 입으로도 당할 수 없었다(三日游學 廣記多聞 出詞吐辨 萬口莫當). 선생은 신선이 되어 하늘로 올라가는 비술을 알았는데 무슨 일로 몸을 굽혀 인간 세상에 나섰을까? 그것은 바로 재능 있는 제자들과 선경(仙境, 신선이 사는 곳)으로 들어가기 위함이었다. 그래서 이 귀곡을 빌려 기거하는 중이었다. 처음에 우연히 저자에 나가 남의 운명을 점쳐

주었는데 길흉화복을 맞히는 것이 귀신과 같았다.”

　귀곡자는 늘 수양에 힘썼고 상대의 마음을 꿰뚫어 보는 데 능했다. 강함과 부드러움에 대해 잘 알았고 패합술에 정통했던 전국시대의 가장 신비로운 인물이기도 하다. 귀곡자는 전국 시대의 제자백가 가운데서 노자, 손자, 공자, 맹자 등과 함께 이름을 날렸다. 이런 귀곡자가 전설이 된 것은 정말로 전설같이 대단한 인물이었기 때문이 아닐까.

| 차례 |

제2장_천신을 소집하는 명령서, 부적

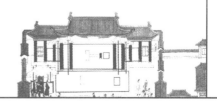

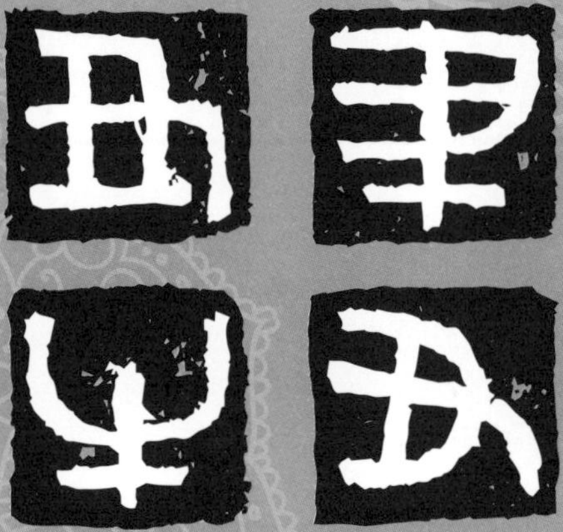

제 **1** 장
부적의 이해와 기원

1. 부적의 개념

부적의 이해

부적은 인류의 정신문화계발과 역사적 기원을 함께 하는 것으로 오랜 세월동안 전해오고 있다. 화를 피하고 복을 얻는 것은 누구나 바라는 일이다. 이와 같은 소망 때문에 후세의 발복(發福)을 위해 역학과 점성술 그리고 풍수 등이 발달해왔다. 그런 과정에서 사람들은 미래를 예측하는 소극적인 방법뿐만 아니라 자신의 소망을 실현하기 위한 적극적이고 구체적인 방법을 찾아 나서게 되었는데 그 하나가 바로 부적(符籍)이다.

부적은 선과 원으로 이루어져 일반인이 그 뜻을 알 수 없는 것들이 많다. 이는 천계(天界)의 별자리를 근거로 우주에서 움직이는 기(氣)의 흐름을 상징화했기 때문인데 이런 방법을 통해서 신과 대화를 함으로써 천계의 기운을 수정하거나 보완하고 운로(運路)를 변화시킨다.

부적은 간절한 소망과 염원을 이루고 운명을 수정하고 천지간에 흐르는 기의 흐름을 바꾸기 위해 신에게 알린다. 이때 부적은 우주의 기의 움직임을 변화시키고 천신(天神)을 소집하는 명령서 역할을 한다. 많은 부적에서 볼 수 있는 '칙령(勅令)'이라는 글자는 바로 신에게 명령을 내린다는 의미가 담겨 있다. 부적에도 정법(定法)과 편법(便法)이 있음은 전혀 이상할 것이 없으나 상도(常道)를 떠나 해괴하거나 야릇한 변태를 강조하는 것은 속된 사람들이 그 신비함을 요란하게 부추기기 위한 것일 뿐이다.

부적은 서양인(그들은 부적을 스스럼없이 받아들이고 있다)들의 마스코트 형식과 동양인들의 문자표기 형식의 두 가지로 대별될 수가 있는데 부적의 영험함 역시 오랜 동안의 연마와 경험이 집약되어 이루어진 정신문화의 한 산물이다.

부적의 핵심

부적에 있어서 가장 중요한 것은 격식과 규정을 제대로 갖추어 그 원인에 알맞은 처방을 행할 수 있도록 만들어졌느냐 하는 것이다. 그 제작 역시 보통의 사람들이 능히 일상생활을 영위하는 가운데 충분히 만들어 쓸 수 있도록 되어 있다.

이 세상에서 가장 신뢰할 수 있는 것은 자기 자신이다. 스스로

절차를 지켜 진심을 불어넣어 직접 만든 부적이야말로 가장 확실하고 영험함을 보장받을 수 있는 것이다.

부적의 한계성과 범위

부적은 자신에게 닥칠 재앙을 사전에 예방하여 재난을 가능한 한 최소화하고 복록과 행운은 최대한으로 증가시키는 기폭제 역할을 한다. 자신의 소망을 이루기 위해 부적을 지니고 있는 사람은 그렇지 않은 사람보다 몇 십 몇 백배의 노력과 수고를 아끼지 않는 정성스러운 마음이 있어야 한다.

부적은 당사자의 마음이 천지간의 신통력을 움직여 본인이 소망하는 방향으로 끌어당기는 역할을 하는 것이기 때문이다.

부적은 결코 인간에게 해를 끼치지 않는다. 부적을 제작하고 보관할 때 정해진 원칙을 지키지 않으면 그 효험이 없기 때문에 결과적으로 도움이 되지 않을 뿐이지 결코 해가 되는 일은 발생하지 않는다.

2. 역사 속의 부적

중국 부적

원래 중국인은 부적을 매우 소중히 여겼으며 그 종류나 형식도 매우 많았다. 가령 재앙을 방지하거나 행운을 불러오기 위해서 부적을 몸에 지니고 가옥이나 문에 붙이거나 불에 태워 재를 삼키기도 하였다. 또한 정월에 이용되는 문신상과 같이 잡귀를 퇴치하는 신으로서의 종괴(從魁)를 비롯해 여러 가지 신들의 상을 인쇄한 것이나, 거의 도상화된 신비적인 문자를 표시한 것 등이 있어서 그것들을 소중히 취급하였다. 반대로 기괴한 모습의 악귀를 묘사한 것은 이를 소각함으로써 악귀퇴치와 재앙방지를 기원했다.

중국 부적은 춘추전국시대 후반에 육국(六國)의 재상을 혼자서 겸직하여 천하를 다스렸던 소진(蘇秦)과 장의(張儀)를 길러낸 바 있는 귀곡자(鬼谷子)가 황제 헌원씨(軒轅氏)를 기점으로 전래되어 오던 것을 완벽하게 체계적으로 정리하고, 절차와 규범을 갖추어 최초로 사용상의 정법(正法)을 가르쳤다고 하는 이 묘방(妙妨)의 부적이 시초이다. 귀곡자가 그의 제자 손빈에게 전해준 『천서』 3권 안에 "이것이 조사의 참다운 묘한 비결이니 천금을 준다 하더라도 세상 사람들에게 전해주지 말라(此是祖師眞妙訣千金莫與世人傳)."라는 구절이 있는 것으로 볼 때 그 기원을 짐작할 수 있다.

중국 문헌에 부적에 관한 기록을 여러 곳에서 볼 수 있다. 양(梁 502-557)시대의 도사 도홍경(陶弘景)의 저서 『진고(眞誥)』〈운상편(運象篇)〉에는 신선의 말씀이라고 하여 부적은 신령부서(神靈符書)의 문자이며 천계의 신선이 가지는 명광(明光)의 장(章)이라고 하였다. 도교 경전의 하나인 〈운급칠첨(雲笈七籤)〉에는 "신부(神符)란 용장봉전(龍章鳳篆)이라고 하는 신계(神界)의 문자로 쓰인 할부(割符)와 같은 것이며, 그 영묘한 효험에 의해 사람들에게 덕을 끼친다."라고 기록되어 있다. 또 다른 경전 〈태상노군설익산신부묘경(太上老君說益算神符妙經)〉에는 "부적이란 태고의 허무로부터 출현하여 이것이 천지를 창생하고 지금 도(道)와 함께 있다. 그리고 이것을 가진 자는 재난이 사라지고 평안한 삶을 얻게 되고 그의 몸은 하늘에 있는 신선의 세계로 올라갈 수 있다."고 기록되어 있다.

또한 도교에서는 원래 부적을 매우 중시하고, 도사(道士) 자신이 스승으로부터 비법을 전수받는 의식에 의해서 경전과 함께 부적이 수여되었다. 부적은 도사에 의해 쓰인 특수한 도형이며, 일반적으로 종이나 헝겊에 전서(篆書)나 예서(隷書) 또는 이러한 문자와 비슷하면서도 문자는 아닌 기묘한 굴곡의 문양, 불가사의한 형상을 그린 도형, 별이나 번개의 형상을 짝을 맞춘 그림 등이다. 그것에 머무는 미묘한 힘도 부적 자체가 우주의 생성화육(生成化育)과 변화유전(變化流轉)의 영향을 받은 것으로 인정되었다.

부적에 그려진 문자는 원래 천계의 제신(諸神)들이 사용하는 것이지만 그것이 지상계로 전수되어진 것이라고 믿었다. 따라서 부적을 사용하면 여러 제신을 불러들여 악귀를 벌주고 사악한 것을 제거하고 악신을 진정시켜 병을 치유하고 재난을 제거하는 일이 가능하다는 것이다. 이 같이 부적은 영부이며 귀신을 쫓고 재난을 물리치고 평안한 삶을 살도록 하여 백성을 안정시키는 기능이 있음을 강조하고 있다.

한국 부적

부적은 일상적으로 쓰이는 글씨부터 알 수 없는 그림에 이르기까지 그 종류가 다양하다. 그 기원은 인류가 바위나 동굴에 주술적인 그림을 그리던 원시시대로 거슬러 올라간다. 우리나라에서 발견된 암각화(岩刻畵)가 그런 주술적인 목적을 지닌 것으로 추측

되지만 확실한 것은 아직 밝혀지지 않았다.

『삼국유사』 1권 진흥왕대 기록에는 죽은 임금의 혼백과 도화녀(桃花女) 사이에 태어난 비형(鼻荊)이 귀신의 무리들을 다스렸는데 그때 사람들이 글을 지어 "성제(聖帝)의 혼이 아들을 낳았구나/ 비형의 집이 여기로구나/ 날고뛰는 잡귀들아/ 행여 이곳에 머무르지 말라."라고 하였고, 향속(鄕俗)에 이 글을 붙여서 귀신을 물리쳤다는 이야기가 있다. 이것은 주술적 노래에 해당되지만 그 가사를 글로 써서 주력으로 귀신을 물리치고자 한 것은 부적과 기능이 같다.

『삼국유사』 2권에는 처용(處容)이 자신의 아내를 범한 역귀(疫鬼)를 노래와 춤으로써 감복시킨 뒤 처용의 화상(畵像)을 그려서 문에 붙인 곳에는 절대로 들어가지 않겠다는 약속을 받아냈다는 사실 역시 그 실례라고 할 수 있다.

부적이 본격화한 것은 중국에서 밀교 부적이 전래하면서부터다. 밀교가 성행하던 고려 시대에는 밀교 의례가 호국 불교를 발달시켰다. 사찰에서 다양한 불교 의례를 통해서 국태 민안, 재액 소멸, 질병 제거 등 국가적 재난을 방지하는 기원과 함께 부적 만들기가 성행하였다. 이러한 전통은 조선 시대에 민간에 보편화되었는데, 사대부나 서민에 이르기까지 집집마다 정월 초에 입춘축(立春祝), 문배(門排), 세화(歲畵) 등을 그려서 문에 붙였다. 조선 후기 동학혁명 때에는 총과 화살을 피할 수 있다고 하여 궁을부(弓乙符)를 불태워 재를 먹기도 하였다.

현재 우리나라 민간에서 사용되고 있는 부적이 어디서 온 것인지는 명확히 알 수 없으나, 한자(漢字)로 엮어진 것 가운데는 중국의 영향을 받은 것이 있고, 불사(佛寺)에서 나온 것 중에는 인도의 영향을 받은 것도 있다.

3. 부적의 종류

사용목적과 기능에 따른 분류

부적의 종류는 사용하는 목적과 기능에 따라서 두 가지로 나눌 수 있다. 하나는 주력(呪力)으로써 좋은 것을 증가시켜 복을 기원하고 이로움(利)을 성취할 수 있게 하는 길상부적(吉祥符籍)이다. 이에는 칠성부(七星符), 소망성취부(所望成就符), 초재부(招財符), 재수대길부(財數大吉符), 대초관직부(大招官職符), 합격부(合格符), 생자부(生子符), 가택편안부(家宅便安符), 만사대길부(萬事大吉符) 등이 있다.

그리고 다른 하나는 사(邪)나 액(厄)을 물리침으로써 소원을 이루는 벽사부적(辟邪符籍)이다. 여기에는 재앙을 예방하려는 삼재예방부(三災豫防符) 및 부정을 막는 부적이 있다. 그리고 악귀를 물리치는 부적으로 귀불침부(鬼不侵符), 벽사부(辟邪符), 구마제사부(驅魔除邪符), 축사부(逐邪符) 등이 있으며, 벌레와 짐승을 막는 비수불침부(飛獸不侵符), 야수불침부(野獸不侵符) 등도 있다.

이외에도 살을 막아주는 상문부(喪門符), 도살부(度煞符) 등이 있고, 가장 흔한 것으로 병을 물리치는 병부(病符)가 있다. 병부에는 모든 질병을 소멸시키는 부적도 있고, 질병 종류에 따라 수많은 부적이 있다. 예컨대 두통부(頭痛符), 위통부(胃痛符), 복통부(腹痛符), 한기치료부(寒氣治療符), 소변통리부(小便通痢符), 악창치료부(惡瘡治療符) 등과 눈·코·귀 등의 질환, 치과·인후의 병, 부인병·소아과 등 질환을 치료하는 부적 등 무수히 많다. 심지어 피로회복부, 식욕촉진부도 있다.

병을 치료하는 부적은 반드시 사를 물리치고 악귀를 쫓는 역할을 한다고 보기 어려운 것도 상당히 많아서 앞서 말한 두 가지 분류의 범위가 그렇게 분명한 것은 아니다. 특히 부부의 화합을 목적으로 한 부적은 화합의 힘을 강조하는 쪽과 부부 사이에 낀 살을 내쫓는 두 가지 부적이 모두 함께 있는 것을 볼 수 있다.

꿈에 대한 부적으로 몽부(夢符)는 악몽을 물리치고 길몽을 현실화한다는 원리를 적용하고 있고, 날짜에 맞추어 부적을 만든다.

형태에 따른 분류

부적의 종류를 형태에 따라 분류하면 그림으로 된 것과 글자로 된 것 두 가지로 크게 나눌 수 있고, 그 사이에 여러 가지 중간 유형이 많다.

그림형의 부적에는 구상적(具象的) 형태와 추상적 형태가 있다. 구상적 형태로는 새, 물고기 등 동물과 태양, 인형(人形), 안면(顔面), 귀면(鬼面) 등이 있고, 추상적 형태로는 와문형(渦紋形), 탑형(塔形) 또는 계단형(階段形) 등 여러 가지가 있다.

글자로 된 부적에는 일월(日月), 천(天), 광(光), 왕(王), 금(金), 신(神), 화(火), 수(水), 용(龍) 등이 있다. 부적 전체가 한자로 된 것도 있지만 한자의 파자(破字)를 써서 여러 가지로 결합하고 여기에 줄을 긋는 형태들이 많은데, 이런 경우는 칙령(勅令)이라는 글자가 부적 상단에 적히는 것이 보통이다. 강력한 신에 의하여 귀신이 꼼짝 못하고 도망가거나 완전히 포박되어 옴짝달싹 못하고 있는 모양을 표시하고 있는 경우를 표현하고 있는 것이다.

4. 부적의 상징성

　인간이 기원하는 내용을 담은 부적을 황색 바탕에 붉은 색깔로 그린다는 것은 색채상징에 비추어 그럴듯한 일이다. 황색은 광명이며 악귀들이 가장 싫어하는 빛을 뜻한다. 부적에 일(日), 월(月), 광(光) 자가 많은 것도 이에 비추어 이해할 만하다.

　붉은색[朱色]은 중앙아시아 샤머니즘에서 특히 귀신을 내쫓는 힘을 지닌 것으로 간주되고 있다. 또한 피, 불 등과 대응하며 심리적으로는 생명과 감정의 상징이기도 하다. 불은 정화하는 힘을 지녔기 때문에 붉은색이 악귀를 내쫓는데 적절한 주력을 지닌 색깔임을 짐작할 수 있다.

　부적의 모양은 그 의도를 짐작할 만한 것도 상당히 있으므로 이런 것은 사람들이 머리를 써서 꾸며낸 것이라 할 수 있다. 한자를 파자하여 부적의 모양이 추상화되면 그 의도가 어디에 있는지 알 듯 모를 듯한 것이 된다.

　다른 사람이 그 의도를 모르도록 일부러 꾸며서 만드는 경우도 있으나 정신을 집중하여 단숨에 그려 나갈 때 그 작업은 무의식적인 것을 표상화 하려는 작업이다. 그러므로 부적 가운데에는 무의식의 상징을 형상화한 것이 더러 눈에 띈다.

5. 부적의 제작

부적을 제작할 때의 마음가짐

원칙적으로 자신이 겪고 있는 어려움을 덜고 고통을 면하기 위한 환란(患亂)의 해결책으로 부적을 제작하는 것이다. 천지와 신명의 무궁한 힘에 의지하여 재난이 소멸되도록 하기 위한 의식행위이니 만큼 신명(神明)에 의지하는 마음이 간절하고 그 보살핌을 바라는 마음 또한 절실하여야만 불가사의한 효험과 신통력을 얻을 수 있다.

효험을 의심치 말라
어떤 목적을 위하여 부적을 사용하게 될 경우 순수하면서도 흔들리지 않는 신념을 가지고 소기의 목적이 달성될 것을 믿어 의

심치 말아야 충분한 효험을 볼 수 있다.

자신의 소망을 바라면서도 의심을 품거나 불성실한 태도를 취하는 것은 곧 한쪽 손으로는 계속 쌓아올리면서 다른 한쪽 손으로는 계속 허물어 내리는 것과 같아서 결국은 헛수고에 그치게 되는 경우가 많다.

남을 해치는 행위는 하지 말라

화(禍)가 되는 것을 복으로 바꾸기 위한 수단의 하나인 부적은 하늘이 감응을 받아서 그 영험함을 발생시키는 것이다. 그런데 남을 모함하고 비방하거나 잘못되고 망하게 하려 한다든지 세상의 상규에 어긋나는 것을 부적으로 꾸미려 든다면 그 불행이 상대가 아니라 바로 자기 자신에게 돌아오게 된다.

부적 제작의 원칙

부적도 주어진 상황과 여건에 적합하고 그 나름대로의 원칙과 절차를 거쳐 완성된 다음 그 당사자에게 직접적으로 부합되어야 제구실을 할 수 있다.

머리에 두통이 있는 사람에게 소화제를 먹이고 그 효과를 기대하면 어찌 되겠는가. 급체로 위장이 뒤틀리는 고통을 당하는 사람에게 허벅지에 파스를 붙여주는 치료가 과연 그 효험이 있겠는가.

크기

부적은 아무리 커도 가로 10센티 세로 12센티를 넘어서는 안 된다. 그 이유는 대우주와 자연의 운행을 자신의 수중에서 바꾸어 소원하는 방향으로 돌려놓는 것이기 때문이다. 움켜쥐면 가려질 정도를 넘지 말아야 제 효과를 발휘하고 올바른 구실을 할 수 있는 것이라고 〈구천현녀 현부경(九天玄女 玄夫經)〉에 확실하게 기록되어 있다(※본서에 수록된 부적이 적당한 크기이므로 그대로 옮겨 제작하면 된다).

유효기간

대체로 석 달 열흘 꼭 100일이 한도라고 전해지고 있으며 단, 삼재(三災) 부적만은 1년이 간다고는 하지만 보통 6개월은 영험이 작용한다.

대리 제작

본인을 대신하여 부모나 형제, 가족이 부적을 제작하는 것은 무관하지만 천기를 누설하여 행운과 복록을 흘려버리지 않도록 제반 규정사항을 잘 지켜야 한다.

복사나 인쇄한 부적의 효험

항간에 부적을 복사하거나 인쇄로 찍어내는 것들도 많이 나돌고 있으나 이러한 부적은 제대로 심혈을 기울여 만든 것으로 보

기도 어렵거니와 과연 올바른 영험을 나타낼 수 있을지는 심히
의심스럽다.

연습

부적을 쓸 때는 정신과 마음을 모아 완성하는 것이 중요하기
때문에 미리 연습을 해두면 좋다. 정성을 다하여 이상적으로 제
작하면 그 효험도 높아진다.

보관 방법

작고 단정하게 접어서 지갑에 넣어 안주머니에 넣거나 신변에
보관하는데 부적에 따라 붙이는 것도 있고 태우거나 묻는 것도
있으므로 꼭 그 규정대로 준수하여야 한다.

잘못 쓴 부적

잘못 쓴 부적은 불태워버린다. 부적을 쓰는 것에 익숙하지 않
으면 생길 수 있는 일이기 때문에 겁먹지 말고 마음을 가라앉히
고 정신을 집중해서 다시 쓰도록 한다.

제작 가능한 수

부적은 몸과 마음의 상태가 좋을 때 써야 한다. 그렇기 때문에
부적을 여러 장 제작하다 보면 무리하게 되어 몸과 마음이 지치
는 것은 당연하다. 중요한 것은 효험 있는 부적을 쓰는 것이지 많

은 부적이 필요한 것은 아니다. 2장 까지는 허용된다.

부적 제작 도구

종이와 나무

부적을 만들 때 바탕이 되는 것은 종이와 나무다. 종이는 부적을 시각적으로 보기 좋게 하기 위하여 계피와 감초 달인 물을 부어 말려서 노란색이 나게 만들기도 하지만 원래는 순백색의 창호지면 상등품이다. 요즘은 인터넷 쇼핑몰에서 부적 종이를 손쉽게 구입할 수 있다.

나무는 상황에 적합한 복숭아나무나 오동나무, 버드나무, 대추나무 가지가 필요하다. 제작된 부적을 적합한 나무 가지에 감싸서 보관하면 그 효험에 더욱 좋다.

경면주사(鏡面朱砂)

동의보감이나 본초강목(本草綱目)에 보면 경면주사를 일명 진사(辰砂) 또는 단사(丹砂)라고도 하며 맛이 달고 사기(邪氣)와 악질(惡疾)을 다스리는 효험을 갖는다 하여 여기서 유래된 것이다. 이것을 분말로 빻으면 붉은색을 내는데 눈에 확연히 드러나 부적을 쓰기에 적합하여 사용하였던 것이다.

경면주사 자체가 어떤 신비한 효능을 지닌 것같이 알려지게 된 이유는 많은 금전과 노력을 소비하고 비싼 대가를 지불하면 더욱 정과 성을 기울이게 되는 심리 때문이었다.

요즘은 인터넷 쇼핑몰에서 기름에 개어 혼합한 경면주사액을 1만 원 정도의 가격으로 손쉽게 구입할 수 있다.

봉분토(封墳土)

300년 이상 된 임금이나 정승, 장군의 봉분 흙을 준비한다. 흙을 크게 한 움큼 집으면서 그 무덤의 주인에게 "어리석은 인간의 부족함을 무궁하신 법력으로 부축하여 꼭 소원을 성취케 하여 주소서."하고 3번을 외운다.

물

물에는 여러 가지가 있지만 실제로 마실 수 있는 물이면 가능하다. 단, 광천수는 사용할 수 없다.

향

향에도 여러 가지 종류가 있으나 부적의 영험함에는 아무런 영향을 주지 않는다. 다만 신을 청하고 부적을 쓸 때는 3개의 향을 사용한다.

부적의 제작

대개 부적이라 하면 굉장히 복잡하고 엄청난 절차를 거치는 듯 과장된 전언(傳言)이 많다. 부적에 대해 이러쿵저러쿵 얘기들이 분분한 것은 제작자들이 부적의 값과 신비함을 높이려 하는 하나의 계략일 뿐이다. 실제는 그렇게 복잡하고 어려운 것이 아니며 일정한 구조에 합당한 격식과 절차를 밟으면 확실하게 효험이 있음을 잊지 말기 바란다.

올바른 부적은 제 형태의 길고 짧음과 모양이나 크기에 대한 규칙이 중요하다. 대충 형체만 본뜨다가 너무 변형이 된다든지 하면 기계의 부속이 늘어지거나 휘어진 것과 같으며 짧은 나사가 박힐 곳에 긴 나사가 박히거나 없을 부위에 솟아나온 군더더기처럼 제구실을 못하게 된다.

옮겨 그릴 때는 반드시 정신을 집중하여 차질이 생기지 않도록 해야 한다. 또한 소망과 소망자의 생년월일, 이름이 기입되어야 제기능을 발휘한다.

부적 제작 시 꼭 지켜야 할 사항

가급적 부정한 것을 보지 말고 험한 말을 삼가여 심신을 깨끗이 하고 최대한 타인(친족은 상관없으나 외간 사람은 피함)이 알지 못하게 한다.

그 이유는 내가 하는 일을 남이 알면 비밀이 새어나가듯 복운이 흘러나간다고 하여 지극히 특별한 경우가 아니면 은밀히 제작하는 것이 좋다.

제작 날짜 및 시간

부적을 쓸 때는 일진의 천간(天干)이나 갑(甲)이나 경(庚)이 닿는 날로 선택하여 심신을 청결하게 하고 의복을 단정히 하고 경건한 마음으로 임한다. 시간은 자시(子時, 밤 11부터 새벽 1시 사이)를 선택한다. 자시는 음과 양이 서로 교차하는 시간으로 사람과 신 사이에 서로 교감이 활발하게 이루어지는 시간대이기 때문이다.

제작 과정

1. 몸과 마음을 단정히 한다.
2. 북쪽 하늘을 향하여 서서 7번 합장배례를 한다.
3. 동쪽을 향하여 병풍을 치거나 흰 종이를 두른다.
4. 깨끗한 상 위에 청수(淸水)를 떠놓고 청수대접 위에 복숭아 나무 가지를 걸쳐놓는다(버드나무 가지로 대신할 수 있음).
5. 촛불과 향을 피운다.
6. 상의 네 귀퉁이에는 고묘(古墓)에서 가져온 흙을 접시에 두세 숟가락 떠서 놓는다.
7. 무릎을 꿇고 앉아 눈을 감고 3번 숨을 크게 들이마셨다가 내뿜고 치아를 상하로 7번 이상 마주친다.

8. 경건한 마음으로 경문을 5번 이상(많이 읽을수록 좋다) 읽는다.

9. 부적 종이를 입에 물고 정신을 집중하여 부적을 써내려간다.

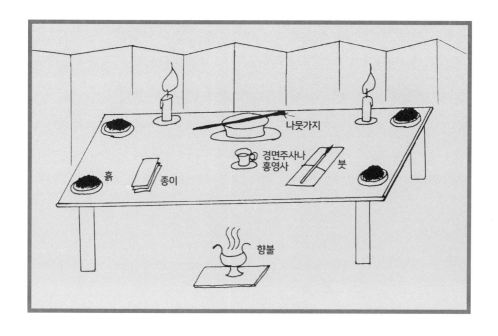

경문 : 通天靈驗發願符

太上台聖 應變無停 拘邪縛魔 保命護身 通達神明 消災降福 天
宮上帝 後土聖母 森羅萬像 主宰神君 一體和合 大歡降臨 伏願奉
請 有極無極 有情維一 天動以後 地靜 地靜以後 人生 天爲日月星
辰之君也 心爲利慾是非之君也 君子心也 心者天也 宇宙玄極 天
君吉凶善惡 主宰正坐 森羅萬像之 有形無形 諸位神明 禍福之 司
衛 天地人 三才之中 有人最貴 萬物之中 有人最靈 好不勝德 邪不
犯正 天奪邪氣 邪氣自滅 誦 伏羲之 先天 誦 文王之後天 法周公之
聖心 天皇 以是傳之 地皇 地皇 以是傳之 人皇 人皇 以是傳之 三
皇五帝 以來 古今諸大 至聖大賢 消災吉祥 救難滅邪 玄奧大法 天
地諸神 總領天祖 以下 天上三十三天界 地下七十二地 諸大天王
神將群衆 湯魔天尊 五方大帝 九天玄母 一切 神明卷屬 大韓民國
○○道 ○○市 ○○區 ○○洞(現, 居住地)居住 某某生 某某之 發
願所望 迅速成就 諸惡邪鬼 諸凶患難 掃滅散請 如律令.

통천영험발원부

태상태성 웅변무정 구사박마 보명호신 통달신명 소재강복 천궁상제 후토성모 삼라만상 주재신군 일체화합 대환강림 복원봉청 유극무극 유정유일 천동이후 지정하고 지정이후 인생하니 천은 일월성신지군이요 심은 이욕시비지군이라 군자는 심야요 심자는 천야니 우주현극에 천군이 길흉선악을 주재정좌하시고 삼라만상의 유형무형한 제위신명이 화복을 사위라 천지인의 삼재지중에 유인이 최귀하고 만물지중에는 유인이 최령하니 호불승덕이요 사불범정이라 천탈사기하시니 사기자멸하리라 송 복희지 선천하고 송 문왕지 후천하며 법주공지 성심할새 천황은 이시전지 지황하시고 지황은 이시전지 인황하시며 인황은 이시전지 삼황오제 이래 고금제대 지성대현으로 소재길상 구난멸사 현오대법하시니 천지제신 총령천조 이하 천상삼십삼천계 지하칠십이지의 제대천왕 신장군중과 탕마천존 오방대제 구천현모와 일체 신명권속은 대한민국 ○○시 ○○구 ○○동(현재 거주지를 읊음)거주, ○○생(예: 갑자생), 홍길동(이름)의 발원 소망을 신속 성취시키시고 제악사귀와 제흉환란을 소멸하여 주옵소서.

※경문은 큰 소리로 읽든 마음속으로 읽든 상관없다. 본인이 가지고 있는 습관대로 행하면 된다. 단, 더듬거리지 않고 정성을 다하여 읽는 것이 중요하다.

제 **2** 장

천신을 소집하는 명령서, 부적

1.
집안에 복을 불러들이는
길상부적(吉祥符籍)

행운번창부적

(幸運繁昌符籍)

천지간의 모든 신령들이 주위에 감응하여 항상 자애와 위력으로 일체의 액운과 재앙을 소멸시켜 환란을 막아 보호해주고 소망을 순조롭게 이룰 수 있도록 인도하여 행운과 번영을 누리게 하는 부적이다.

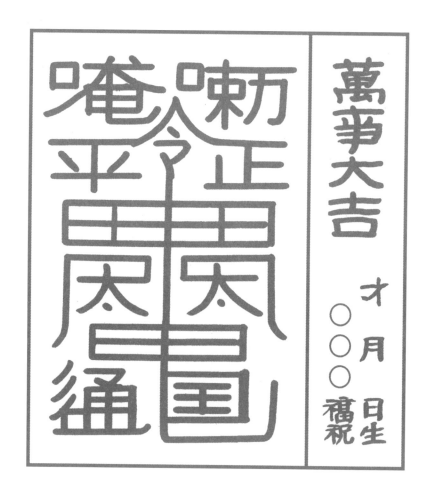

🪷 만사대길부(萬事大吉符)

만사가 순조로이 풀리고 소망이 빨리 이루어지며 집 안팎의 어려움을 풀어내어 화를 복으로 바꿔주는 영험이 있다.

복숭아나무 가지에 감아 잘 싸서 안주머니에 넣고 다닌다.

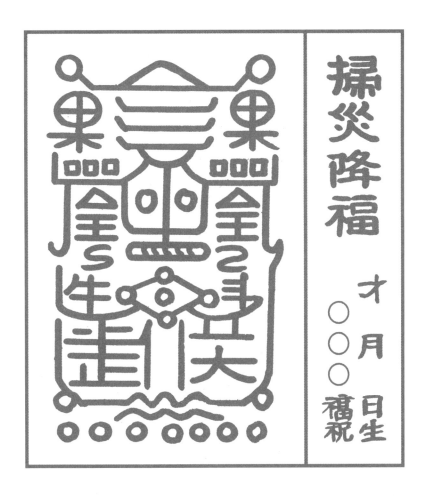

🪷 옥추령부(玉樞令符)

천지간의 복운과 번창을 불러 모으며 모든 천신들이 감응하여 늘 보호해주고 일체의 액운과 잡귀 등 환란과 재앙을 물리치고 소원을 성취시켜주는 영험이 있다.

두 장을 만들어서 한 장은 현관문이나 안방 문 위에 붙이고, 나머지 한 장은 복숭아나무 가지에 감아 잘 싸서 안주머니에 넣고 다닌다.

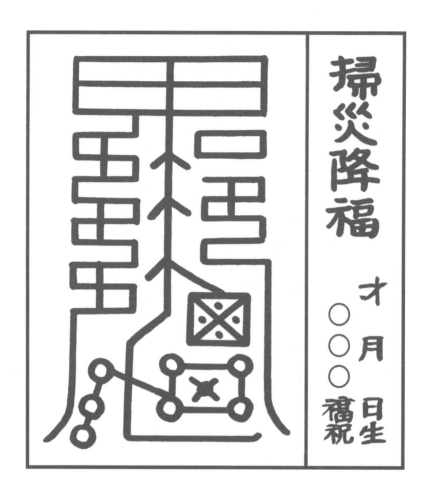

🪷 태을신부(太乙神符)

오랜 염원이나 소망을 순조롭게 이루어주며 일체의 재앙과 환란을 소멸시키고 모든 천신들이 항상 보호해주며 행운과 복록을 불러 모으는 영험이 있다.

두 장을 만들어서 한 장은 현관문이나 안방 문 위에 붙이고, 나머지 한 장은 버드나무 가지에 감아 잘 싸서 안주머니에 넣고 다닌다.

46

🪷 천신강림수복부(天神降臨受福符)

모든 천신들이 항상 보호하고 보살펴주어 천지간의 잡귀와 불행, 액운을 소멸시키고 행운과 복록을 불러 모으며 오랜 염원과 소망을 순조롭게 이루어지게 하는 영험이 있다.

두 장을 만들어 한 장은 현관문이나 안방 문 위에 붙이며, 나머지 한 장은 대추나무 가지에 감아 잘 싸서 안주머니에 넣고 다닌다.

🪷 봉경수덕발복부(奉經受德發福符)

천지간의 모든 존신들이 감응하여 항상 주위에서 보호하여 주고 액운을 물리치고 복록을 불러 모아 번창하도록 도와주는 영험이 있다(매일 자시에 향을 피우고 〈통천영험발원문〉을 7번 이상 읽으면 운이 틔어서 복이 들어오고 그 영화로움이 무궁하다).

두 장을 만들어서 한 장은 북쪽을 향하여 붙이고, 나머지 한 장은 복숭아나무 가지에 감아 잘 싸서 안주머니에 넣고 다닌다.

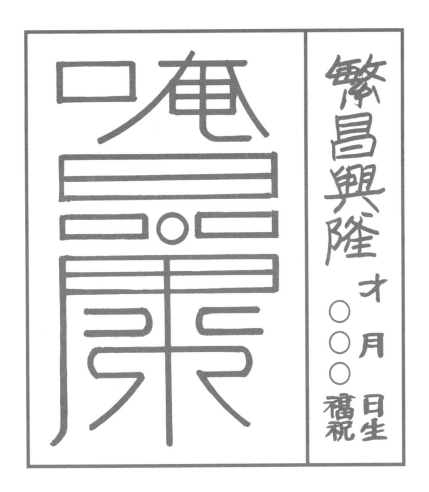

🪷 재수대통부(財數大通符)

천지간의 모든 신들이 보호하여 주고 돌봐주어 하는 일마다 잘 풀리고 재수가 좋아지게 하여 운이 술술 풀리게 하는 영험이 있다.

잘 싸서 안주머니에 넣고 다닌다.

소원성취부적

(所願成就符籍)

천지간의 모든 신령들이 감응하여 보호하고 돌봐

주어 소망하고 염원하는 일이 뜻대로 이루어지게

하는 부적이다.

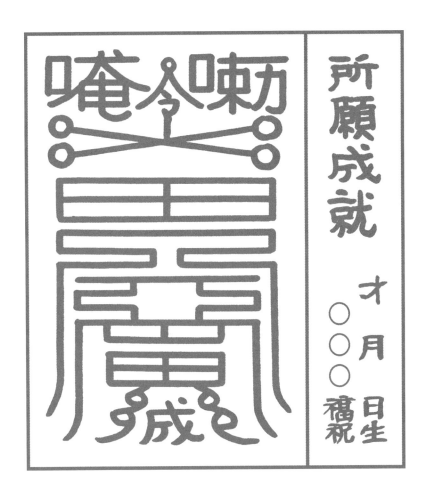

🪷 소원성취부(所願成就符)

힘들고 어려운 일을 순조롭게 풀리게 하며 염원하고 소망하던 일을 성취시키는 영험이 있다.

두 장을 만들어 한 장은 안방 문 위 안쪽에 붙이고 나머지 한 장은 복숭아나무 가지에 감아 잘 싸서 안주머니에 넣고 다닌다.

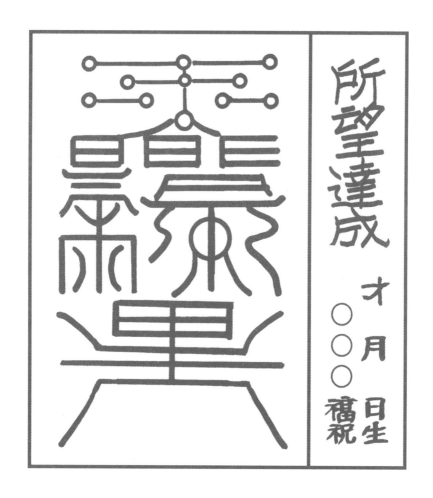

🪷 환운부(換運符)

힘들고 어려웠던 일들을 해결해주고 과거의 좋은 운을 되찾아
주어 염원하고 소망하던 일들이 이루어지게 하는 영험이 있다.

잘 싸서 안주머니에 넣고 다닌다.

🪷 칠성부(七星符)

칠성님께 수명과 오복을 비는 부적으로 소망하는 일이 순조롭게 이루어지고 재앙이 소멸되며 큰 행운을 만나게 되는 영험이 있다.

안방 문 위에 붙여도 좋고 잘 싸서 안주머니에 넣고 다녀도 된다.

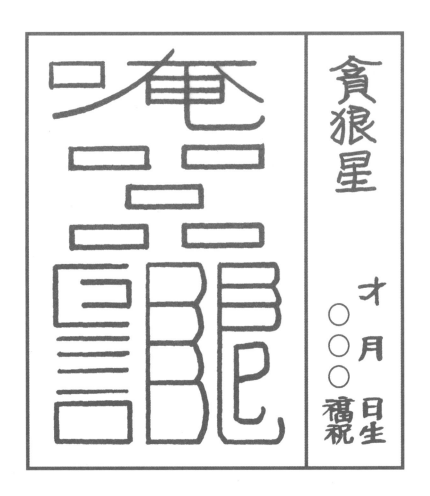

🪷 탐낭부(貪狼符)

북두칠성의 제1성 탐낭성이다. 이 부적은 자년생(子年生, 쥐띠)
이 지니면 소원을 성취하는 영험이 있다.

🪷 거문부(巨門符)

　북두칠성의 제2성 거문성이다. 이 부적은 축생(丑生, 소띠)과 해
생(亥生, 돼지띠)이 지니면 소원을 성취하는 영험이 있다.

🪷 녹존부(祿存符)

북두칠성의 제3성 녹존성이다. 이 부적은 인생(寅生, 호랑이띠)과
무생(戌生, 개띠)이 지니면 소원을 성취하는 영험이 있다.

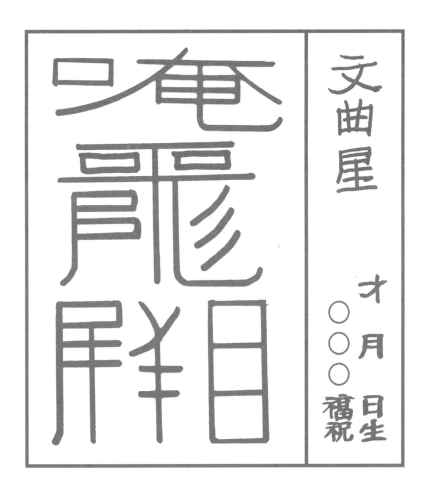

🪷 문곡부(文曲符)

북두칠성의 제4성 문곡성이다. 이 부적은 묘생(卯生, 토끼띠)과 유생(酉生, 닭띠)이 지니면 소원을 성취하는 영험이 있다.

🪷 염정부(廉貞符)

북두칠성의 제5성 염정성이다. 이 부적은 진생(辰生, 용띠)과 신생(申生, 원숭이띠)이 지니면 소원을 성취하는 영험이 있다.

🪷 무곡부(武曲符)

북두칠성의 제6성 무곡성이다. 이 부적은 사생(巳生, 뱀띠)과 미생(未生, 양띠)이 지니면 소원을 성취하는 영험이 있다.

🪷 파군부(破軍符)

북두칠성의 제7성 파군성이다. 이 부적은 오생(午生, 말띠)이 지
니면 소원을 성취하는 영험이 있다.

자연재물흥성부적

(自然財物興盛符籍)

재물이 흥성하여지고 좋은 기회가 찾아와 풍요를 누리고 번성하도록 천신들이 보호하고 이끌어주는 부적이다.

🪷 행운획득번창부(幸運獲得繁昌符)

모든 일에 행운과 복록을 얻어 나날이 재물과 금전이 풍요로워
지고 지속적으로 발전하도록 하는 영험이 있다.

두 장을 만들어 한 장은 쌀통 속에 묻어두고, 다른 한 장은 버
드나무 가지에 감아 잘 싸서 안주머니에 넣고 다닌다.

🪷 금전소망흥왕부(金錢所望興旺符)

사업이 날로 번창하고 재물이 늘어나며 소망하는 모든 일이 순탄하게 이루어지도록 이끌어주는 영험이 있다.

두 장을 만들어 한 장은 쌀통 속에 묻어두고, 다른 한 장은 버드나무 가지에 감아 잘 싸서 안주머니에 넣고 다닌다.

금전재운자래부적

(金錢財運自來符籍)

금전과 재물이 늘어나고 부귀와 번영이 저절로 찾아들며 순조롭게 지속적으로 발전을 이루어주는 부적이다.

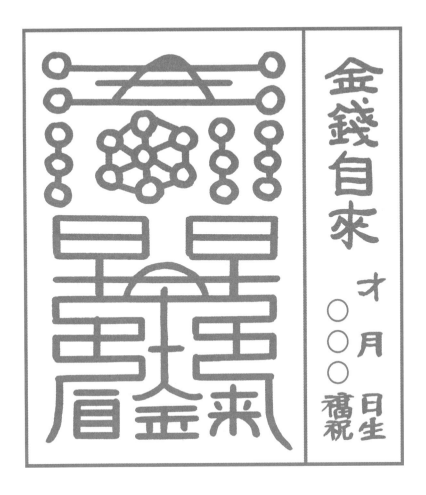

🪷 금전자래부귀부(金錢自來富貴符)

막혔던 금전운이 빠르게 회복되고 재물운이 찾아들어 부유해
지는 영험이 있다.

세 장을 만들어서 한 장은 안방 문 위에 붙이고, 또 한 장은 쌀
통에 묻어두고, 나머지 한 장은 대추나무 가지에 감아 잘 싸서 안
주머니에 넣고 다닌다.

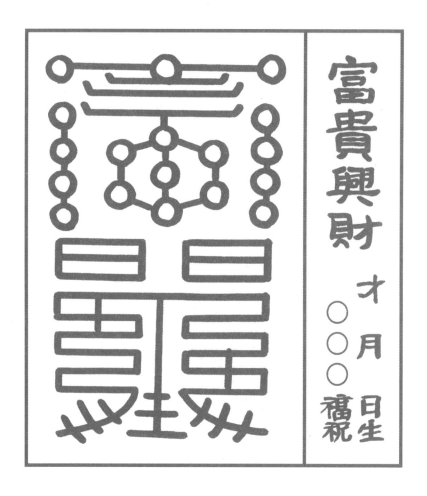

🪷 부귀재물흥성부(富貴財物興城符)

집안에 재물이 풍성해지고 명성이 높아지며 부귀영화를 누리는 영험이 있다.

복숭아나무 가지에 감아 잘 싸서 안주머니에 넣고 다닌다.

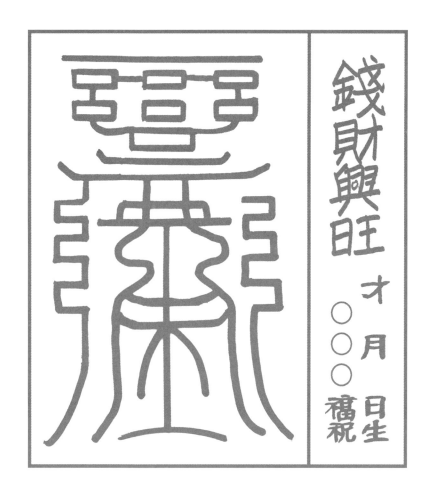

🪷 금전흥왕부(金錢興旺符)

집안에 재물이 풍성하게 쌓이고 사업이 아주 흥하게 일어나고
안정되도록 하는 영험이 있다.

잘 싸서 안주머니에 넣고 다닌다.

사업번창대길부적

(事業繁昌大吉符籍)

사업이 날로 활기차게 번창하며 좋은 기운을 받아
흥성해지도록 해주는 부적이다.

🪷 사업번창대길부(事業繁昌大吉符)

사업이 날로 번창하여 사회적으로 높은 지위를 차지하게 하는 영험이 있다.

대추나무 가지 또는 탱자나무 가시 3개와 함께 잘 싸서 안주머니에 넣고 다닌다.

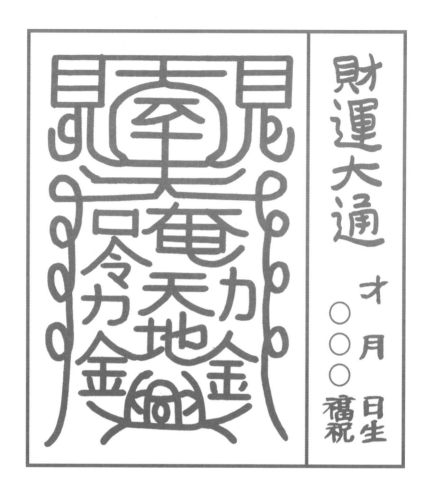

🪷 재물사업대통부(財物事業大通符)

사업운이 대통하여 재물과 금전운이 열리고 사업이 날로 발전하도록 하는 영험이 있다.

두 장을 만들어 한 장은 쌀통 속에 묻어두고, 다른 한 장은 버드나무 가지에 감아 잘 싸서 안주머니에 넣고 다닌다.

🪷 개업발복부(開業發福符)

천지간의 신들이 보살펴주어 새로운 사업을 시작하는데 있어 어려움을 겪지 않고 일이 잘 풀려 금전운이 열리고 하는 일마다 운수가 대통하게 하는 영험이 있다.

사업장 현관문 위에 붙인다.

이동매매속성부적
(移動賣買速成符籍)

토지나 가옥, 소유물이나 사업장 등 매매할 물건
이 있을 때 천신들의 위력으로 신속히 거래가 이
루어지도록 하는 부적이다.

🪷 이동매매속성부(移動賣買速成符)

가옥, 토지 및 물건(物件)의 매매 성사가 부진할 때 신속하게 거래가 이루어질 수 있도록 하는 영험이 있다.

두 장을 만들어 한 장은 현관문이나 안방 문 위에 붙이고, 다른 한 장은 대추나무 가지에 감아 잘 싸서 안주머니에 넣고 다닌다.

🪷 매매물건자동부(賣買物件自動符)

사고 팔 토지나 건물의 매매가 자동으로 이루어져 다음 주인을 찾아가게 하는 영험이 있다.

두 장을 만들어 한 장은 현관문 위에 붙이고, 다른 한 장은 복숭아나무 가지에 감아 잘 싸서 안주머니에 넣고 다닌다.

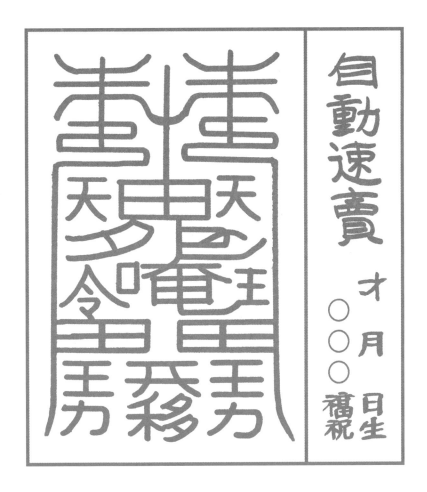

🪷 자동매매속성부(自動賣買速成符)

모든 사고 팔 물건과 건물, 토지 등이 저절로 신속하게 다음 주인을 찾아 움직이게 되어 매매거래가 신속하게 이루어지게 하는 영험이 있다.

두 장을 만들어 한 장은 현관문이나 안방 문 위에 붙이고, 다른 한 장은 버드나무 가지에 감아 잘 싸서 안주머니에 넣고 다닌다.

🪷 만물매매속성부(萬物賣買速成符)

모든 물건의 매매거래가 신속하게 이루어지게 하는 영험이
있다.

두 장을 만들어 한 장은 현관문 위에 붙이고, 다른 한 장은 버
드나무 가지에 감아 잘 싸서 안주머니에 넣고 다닌다.

득자신총명부적

(得自信聰明符籍)

다른 사람 앞에서 주눅이 들지 않고 어떤 상황에 서든 자신감을 가지고 활발하게 임하고, 지혜와 지식을 겸비한 총명한 사람이 될 수 있게 해주는 부적이다.

🪷 득자신부(得自信符)

주어진 능력은 충분한데도 스스로는 늘 부족하다고 여겨 앞에
나서지 못하는 사람에게 발표나 시험에 임할 때 천신이 보살펴주
어 자신감이 생기도록 하는 영험이 있다.

잘 싸서 안주머니에 넣고 다닌다.

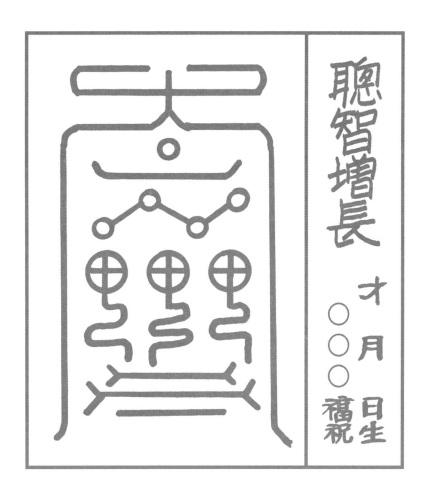

🪷 두뇌총명부(頭腦聰明符)

사물과 상황을 인지하고 판단하는 지혜와 지식을 갖추도록 천신의 위력으로 영리함과 총기를 안겨주는 영험이 있다.

잘 싸서 안주머니에 넣고 다닌다.

🪷 총명신상원동천원옥부(聰明神上元洞天元玉符)

두뇌가 총명해지고 학문, 예술, 기술 방면으로 뛰어나 높은 지위에 서게 해준다. 특히 학생, 연구원, 예술가, 엔지니어에게 효험이 있다.

잘 싸서 안주머니에 넣고 다닌다.

시험합격부적

(試驗合格符籍)

모든 시험에서 좋은 성적으로 합격할 수 있도록
천신들이 이끌어주는 부적이다.

🪷 시험1등합격부(試驗壯元合格符)

각종 시험에서 1등으로 합격하기를 원할 때 대길한 성과를 얻게 하는 영험이 있다.

복숭아나무 가지에 감아 잘 싸서 안주머니에 넣고 다닌다.

🪷 시험합격성취부(試驗合格成就符)

국가에서 실시하는 각종 필기시험이나 면접시험에서 좋은 성적으로 합격할 수 있도록 하는 영험이 있다.

오동나무 가지나 복숭아나무 가지에 감아 잘 싸서 안주머니에 넣고 다닌다.

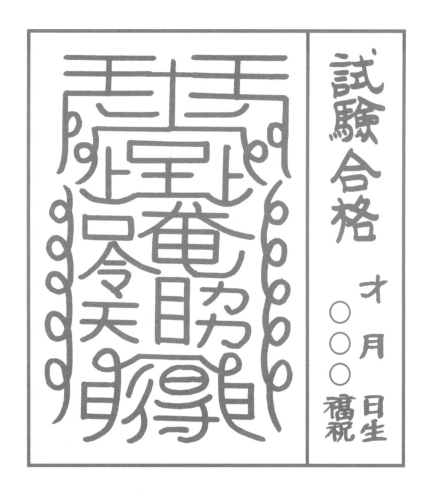

🪷 시험합격대길부(試驗合格大吉符)

기업체에서 실시하는 모든 시험, 면접 등에 좋은 성적으로 합격하고 운이 상승하여 상서로운 결과를 얻게 하는 영험이 있다.

복숭아나무 가지나 버드나무 가지에 감아 잘 싸서 안주머니에 넣고 다닌다.

승리우승달성부적

(勝利優勝達成符籍)

모든 경쟁시험이나 경기에 출전하게 되었을 때 천
지간의 신들이 보호하고 인도하여 좋은 성과를 얻
어 우승할 수 있도록 해주는 부적이다.

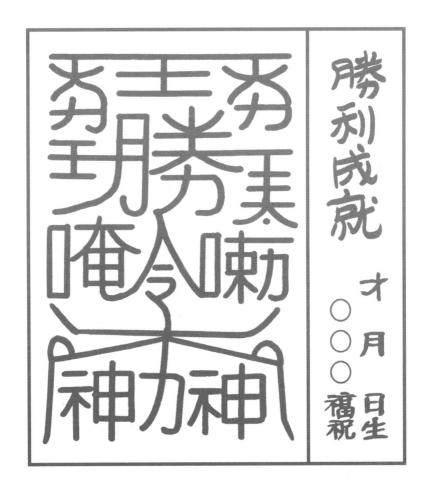

🪷 승리성취대통부(勝利成就大通符)

　모든 승패를 가름하는 경기에 임하게 될 때 좋은 성적을 거두어 우승하도록 하는 영험이 있다.

　복숭아나무 가지에 감아 잘 싸서 안주머니에 넣고 다닌다.

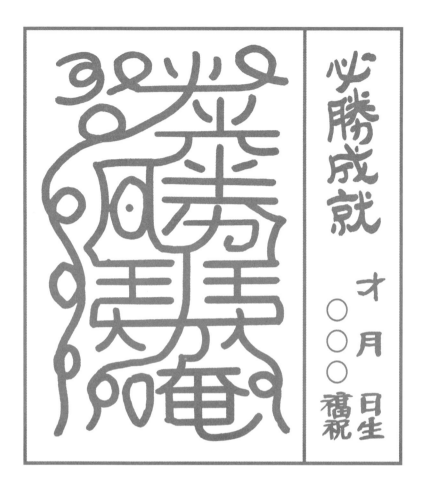

🪷 필승성취부(必勝成就符)

모든 승패를 겨루는 경기에 임하게 되었을 때 우승하도록 하는 영험이 있다. 특히 선수를 선발하는 시험에서 천지간의 신들이 이끌어주어 우선하여 선발되도록 하는 영험이 있다.

버드나무 가지에 감아 잘 싸서 안주머니에 넣고 다닌다.

🪷 학도희선부(學道希仙符)

잡념과 번뇌로 힘들 때 천신이 도와주어 심신이 맑아지고 정신이 집중되어 목표를 쉽게 달성하도록 하는 영험이 있다.

복숭아나무 가지에 감아 잘 싸서 안주머니에 넣고 다닌다.

직장신속안정부적

(職場迅速安定符籍)

직장이나 직업이 신속하게 구해지며 위치나 지위가 확고해지고 안정되도록 천신들이 위력으로 이끌어주는 부적이다.

🪷 대초관직부(大招官職符)

 승진이나 영전 등을 원할 때 이 부적을 지니면 소망이 순탄하게 이루어지는 영험이 있다.

 두 장을 만들어 한 장은 쌀통 속에 묻어두고, 다른 한 장은 복숭아나무나 대추나무 가지에 감아 잘 싸서 안주머니에 넣고 다닌다.

🪷 직장직업속득부(職場職業速得符)

직장이나 직업을 하루 빨리 갖기를 원할 때 천신의 도움으로 그 소망이 이루어지는 영험이 있다.

두 장을 만들어 한 장은 쌀통 속에 묻어두고, 다른 한 장은 버드나무 가지에 감아 잘 싸서 안주머니에 넣고 다닌다.

승진영전성취부적

(昇進榮轉成就符籍)

일체의 승진, 영전, 합격 등으로 인해 위치에 변화
가 생기는 시기가 되었을 때 천신들의 인도로 좋
은 자리로의 이동이 이루어지는 부적이다.

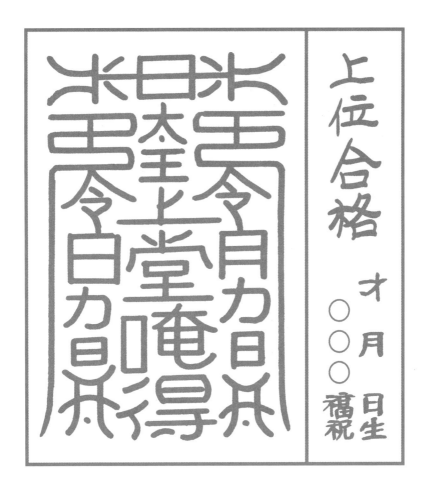

🪷 합격승진영전형통부(合格昇進榮轉亨通符)

각종 시험에서 최종 후보가 되었을 때 특히 영전, 승진에서 다른 상대들보다 좋은 성과를 거두어 승진 대상자가 될 수 있도록 해주는 영험이 있다.

복숭아나무 가지에 감아 잘 싸서 안주머니에 넣고 다닌다.

🪷 영전승진성취부(榮轉昇進成就符)

지위가 높아지거나 좋은 자리로 이동하기를 원할 때 그 소망이
이루어지게 하는 영험이 있다.

버드나무 가지나 대추나무 가지에 감아 잘 싸서 안주머니에 넣
고 다닌다.

가정화합부적

(家庭和合符籍)

부부와 자녀 서로간의 반목이나 불화 등 다툼이 가라앉고 액운이 소멸되어 가정이 화목해지고 평안과 부귀가 들어오도록 천신들이 보살펴주는 부적이다.

🪷 부부자손화합부(夫婦子孫和合符)

가족끼리 의견이 잘 맞지 않아 다툼이나 불화가 발생할 때 서로 화합하고 사랑하는 마음이 생기도록 하는 영험이 있다.

두 장을 만들어 한 장은 쌀통 속에 묻어두고, 다른 한 장은 옷장 속에 넣어둔다.

🪷 가정화목수복부(家庭和睦受福符)

가정 내에 문제가 자주 발생하고 식구들 간에 뜻이 맞지 않아 서로 반목하고 불합하여 생기는 모든 액운을 소멸시키고 복을 불러 모으는 영험이 있다.

복숭아나무 가지에 감아 잘 싸서 안주머니에 넣고 다닌다.

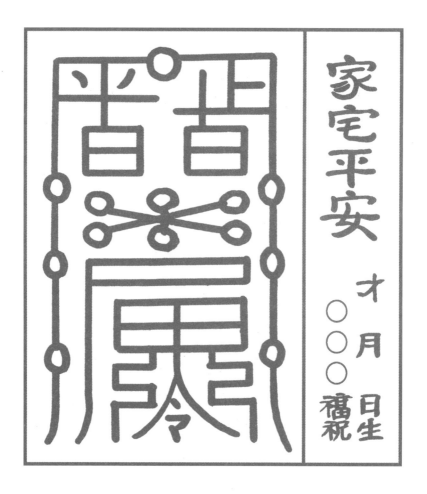

🪷 가택평안부(家宅平安符)

집안의 우환과 액운을 소멸시키고 가정을 화목하고 평안하게 해주는 영험이 있다.

두 장을 만들어 한 장은 현관문이나 안방 문 위에 붙이고, 다른 한 장은 음력 초하룻날 동틀 무렵에 손톱, 발톱, 머리카락을 잘라 함께 싸서 북쪽 사거리에 버리면 더욱 좋다.

🪷 진남녀피가부 1(鎭男女破家符, 남성용)

부부간에 서로 의견이 맞지 않고 사랑이 식어 불화가 심해질 때 가정이 깨지는 것을 막는 영험이 있다.

잘 싸서 안주머니에 넣고 다닌다.

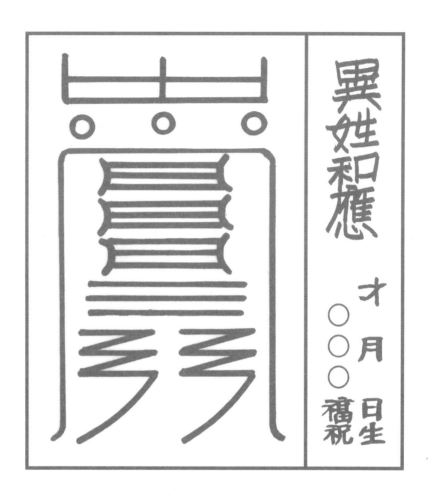

🪷 진남녀피가부 2(鎭男女破家符, 여성용)

부부간에 서로 의견이 맞지 않고 사랑이 식어 불화가 심해질 때 가정이 깨지는 것을 막는 영험이 있다.

잘 싸서 안주머니에 넣고 다닌다.

🪷 자손방탕방지부(子孫放蕩防止符)

자손이 행실이 바르지 않아 부모의 마음을 아프게 하고 도덕적으로 썩고 병들어서 생활이 들떠있을 때 자식의 마음을 바로 잡는 영험이 있다.

잘 싸서 자손의 방문 위에 붙인다.

🪷 가출회귀부(家出回歸符)

　　가정을 떠나 떠돌아다니는 가족이 빨리 가정으로 돌아오기를
바랄 때 쓰는 부적으로 마음을 집안으로 끌어들이는 영험이 있다.
　　잘 싸서 집을 나간 가족의 베개 속에 넣어둔다.

이성친애화합부적

(異姓親愛和合符籍)

좋은 인연을 만나 좋은 사이로 발전할 수 있도록
천신들이 이끌어주는 부적이다.

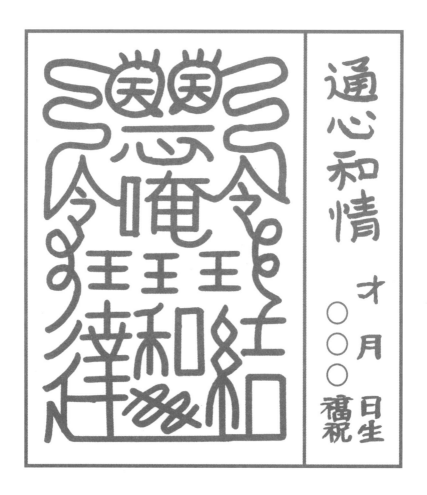

🪷 통심친애화합부(通心親愛和合符)

좋아하는 사람과 원만하게 교제가 이루어지기를 바랄 때(일명 짝사랑성취부) 이성에게 매력적으로 보이고 서로 사랑하는 사이로 발전하도록 하는 영험이 있다.

복숭아나무 가지에 감아 잘 싸서 안주머니에 넣고 다닌다.

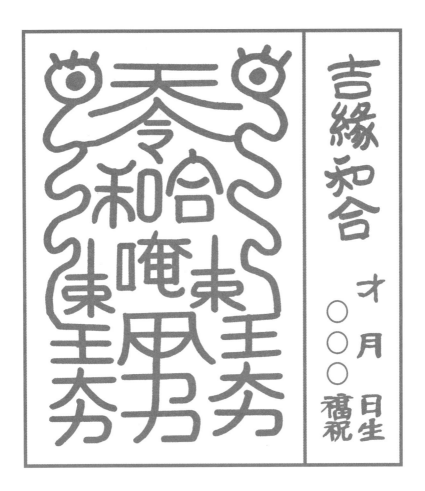

🪷 인연상봉화합부(因緣相逢和合符)

좋은 인연과 귀인을 만나 서로 마음이 통하여 좋은 결실을 거두게 하는 영험이 있다.

복숭아나무 가지에 감아 잘 싸서 안주머니에 넣고 다닌다.

🪷 남녀상응부(男女相應符)

이성 교제가 잘 이루어지지 않거나 서로 마음이 맞지 않아 불안한 상황에 놓이게 될 때 서로 화합할 수 있도록 해주는 영험이 있다.

오동나무 가지에 감아 잘 싸서 안주머니에 넣고 다닌다.

🪷 이성남녀화합부(異姓男女和合符)

사이가 벌어진 연인의 마음이 멀어지는 것을 다시 화합시켜주는 영험이 있다.

두 장을 만들어 한 장은 쌀통 속에 묻어두고, 다른 한 장은 잘 싸서 안주머니에 넣고 다닌다.

타인화합상응부적

(他人和合相應符籍)

타인과 서로 마음이 맞아 상대를 자신에게 유리한 방향으로 이끌어 소망하는 목표를 달성하도록 해 주는 부적이다(※이성간의 교제 및 부부간의 화합 일치에도 사용함).

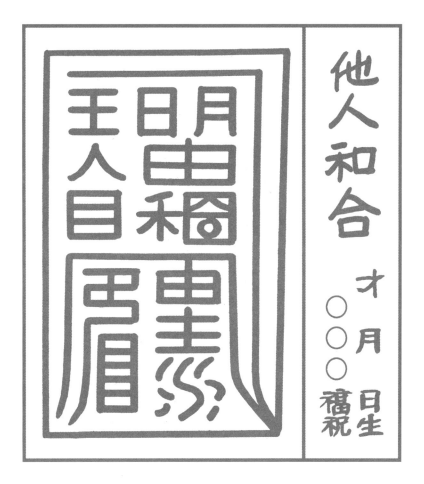

🪷 **타인화합성취부**(他人和合成就符)

다른 사람들에게 호감이 가는 사람으로 비춰지고 마음이 멀어진 사람과 다시 가까워질 수 있도록 하는 영험이 있다.

복숭아나무 가지나 버드나무 가지에 감아 잘 싸서 안주머니에 넣고 다닌다.

🪷 애경부(愛敬符)

다른 사람들에게 호감 있게 보일 뿐더러 사랑과 존경을 받을
수 있도록 해주는 영험이 있다.

잘 싸서 안주머니에 넣고 다닌다.

무병장수성취부적

(無病長壽成就符籍)

신체가 허약하거나 건강이 좋지 못할 때, 오랜 기
간 병으로 어려움을 겪을 때 빠른 회복과 평안함
을 얻도록 천신들이 보호하여 주는 부적이다.

🪷 무병장수건강부(無病長壽健康符)

병 없이 건강하게 장수하며 행복하고 행운이 가득하도록 천신
이 이끌어주는 영험이 있다.

버드나무 가지에 감아 잘 싸서 안주머니에 넣고 다닌다.

🪷 연수부(延壽符)

건강하고 행복하게 삶을 누리며 수명을 오래도록 늘려 장수와
평안을 누리게 하는 영험이 있다.

잘 싸서 안주머니에 넣고 다닌다.

🪷 호신평안부(護身平安符)

　몸과 마음이 지치고 힘들 때 천신이 보호하여 빠르게 회복시켜
주고 몸을 지키고 마음을 평안하게 해주는 영험이 있다.

　잘 싸서 안주머니에 넣고 다닌다.

출산건강대길부적

(出産健康大吉符籍)

모든 액운과 잡귀를 소멸시켜 유산이나 출산의 장
애를 막아주고 산모와 태아가 모두 건강하고 순산
할 수 있도록 천신들이 보호해주는 부적이다.

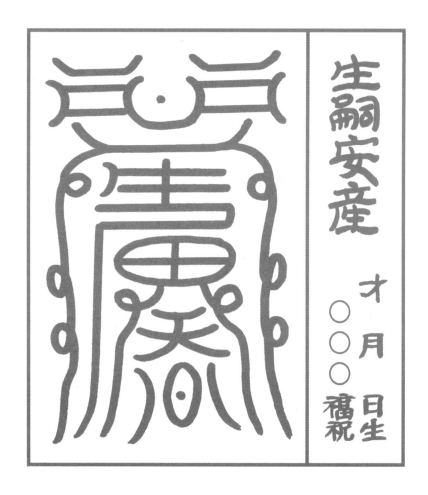

🪷 생사안산성취부(生嗣安産成就符)

임신을 하지 못하거나 혹은 습관적으로 유산되는 등 출산에 어려움이나 장애가 있을 때 천신들이 보호하여 순조롭게 임신이 되고 순산할 수 있게 도와주는 영험이 있다.

복숭아나무 가지를 7조각으로 쪼개어 부적과 함께 잘 싸서 안주머니에 넣고 다닌다.

🪷 자녀순산부(子女順産符)

산모와 태아가 모두 건강하고 순조롭게 출산할 수 있게 해주는 영험이 있다.

복숭아나무 가지나 버드나무 가지에 감아 잘 싸서 안주머니에 넣고 다닌다.

🪷 산모천신수호부(産母天神守護符)

　산모와 태아를 건강하고 무고하도록 천상과 지하에 존재하는 모든 선신이 보살피고 늘 가호하여주는 영험이 있다.

　버드나무 가지에 감아 잘 싸서 산모의 베개 속에 넣어둔다.

🪷 출산액운예방부(出産厄運豫防符)

산모와 태아에게 혹시라도 있을지 모를 출산의 액운을 방지하고 건강과 안정을 지켜주는 영험이 있다.

버드나무 가지나 대추나무 가지에 감아 잘 싸서 산모의 베개 속에 넣어둔다.

태아성장부귀부적

(胎兒成長富貴符籍)

아기가 출생하여 만인의 존경과 사랑을 받고 부귀
와 영화를 누리며 입신양명할 수 있도록 천신들이
인도하고 보살펴 일체의 액운과 잡귀를 소멸시켜
주는 부적이다.

🪷 귀자녀출생소원부(貴子女出生所願符)

천신의 보호로 아기가 순조롭게 태어나고 성장하여 많은 사람들의 존경을 받아 부귀 장수하도록 운명의 액운과 환란이 침범하지 못하게 막아주는 영험이 있다.

오동나무나 버드나무 가지에 감아 잘 싸서 베개 속에 넣어둔다.

🪷 귀자녀출산부(貴子女出山符)

모든 천신들이 일체의 액운을 소멸시켜 아기가 순조롭게 태어나고, 장성하여 훌륭하고 능력 있는 사람이 되고 부귀와 영화를 누리며 무궁한 복록을 받을 수 있도록 해주는 영험이 있다.

복숭아나무 가지에 감아 잘 싸서 안주머니에 넣고 다닌다(두 장을 만들어 부부가 함께 지닐 것).

천지선신수호부적

(天地善神守護符籍)

천지간의 선신들이 항상 따르면서 보호하고 이끌어서 모든 우환과 액운, 위험과 환란에 빠지지 않도록 보살펴주고 일체의 재앙과 고난이 자연히 소멸되고 복록과 평안을 누리게 하는 부적이다.

🪷 선신수호부(善神守護符)

선신의 보호와 보살핌을 입어 모든 우환과 액운과 잡귀를 물리치고 환란을 피하는 영험이 있다.

두 장을 만들어 한 장은 쌀통 속에 묻어두고, 다른 한 장은 오동나무 가지나 버드나무 가지에 감아 잘 싸서 안주머니에 넣고 다닌다.

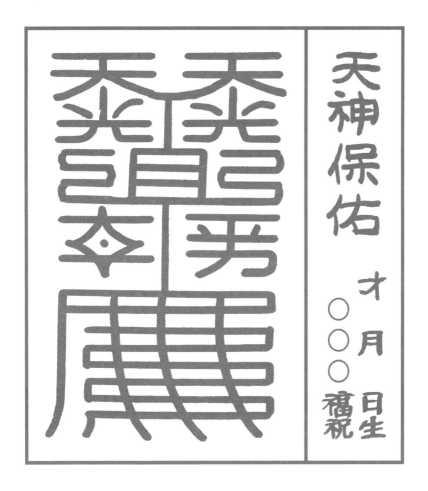

🪷 천신보우수신부(天神保佑守身符)

하늘과 땅에 보이지 않는 모든 천신이 항상 보호하며 지켜주어 위험과 환란에 빠지지 않도록 이끌어주는 영험이 있다.

복숭아나무 가지에 감아 잘 싸서 안주머니에 넣고 다닌다.

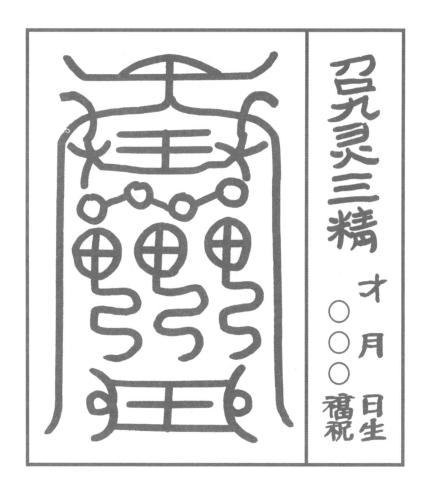

🪷 소구령삼정부(召九領三靜符)

천지간의 아홉 가지 영과 일월천(日月天)의 정기가 항상 신변에서 떨어지지 않고 보호하여 모든 우환과 고난을 소멸시켜 복을 불러 모으는 영험이 있다.

버드나무 가지에 감아 잘 싸서 안주머니에 넣고 다닌다.

오악진택부적

(五嶽鎭宅符籍)

하늘과 땅의 모든 신이 보호하여 재앙으로부터 지켜주며 집안을 평안하게 하고 특히 가족의 건강을 지켜주는 부적이다.

🪷 동악부(東嶽符)

집안을 평안하게 하고 가족의 건강을 지켜주는 영험이 있다.
동쪽 벽 위에 붙인다.

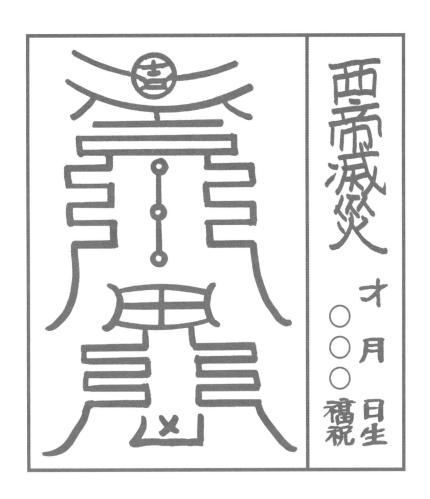

🪷 서악부(西嶽符)

집안을 평안하게 하고 가족의 건강을 지켜주는 영험이 있다. 서쪽 벽 위에 붙인다.

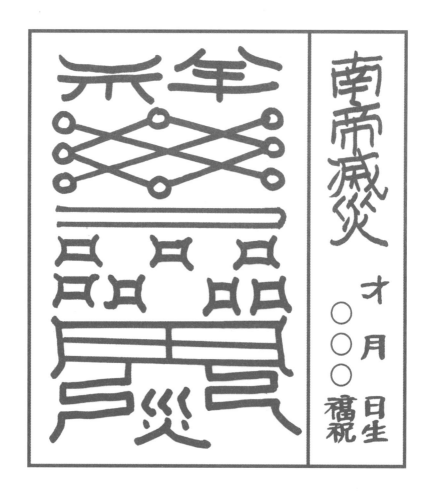

🪷 남악부(南嶽符)

집안을 평안하게 하고 가족의 건강을 지켜주는 영험이 있다.
남쪽 벽 위에 붙인다.

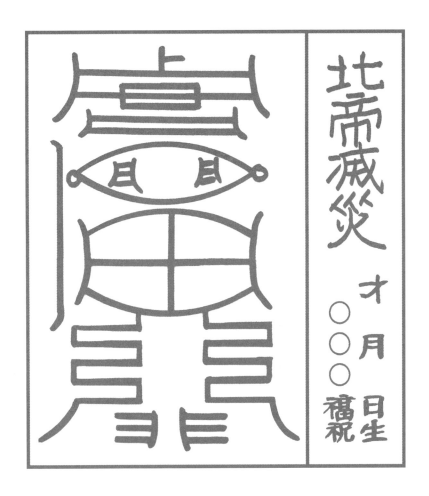

🪷 북악부(北嶽符)

집안을 평안하게 하고 가족의 건강을 지켜주는 영험이 있다.
북쪽 벽 위에 붙인다.

🪷 중앙부(中央符)

집안을 평안하게 하고 가족의 건강을 지켜주는 영험이 있다.
집안의 한가운데 천정에 붙인다.

호신행운초래부적

(護身幸運招來符籍)

위험한 환경에서 작업하는 사람들을 천신이 보호
하고 이끌어주어 재앙과 액운을 물리쳐 주고 복을
내리는 부적이다.

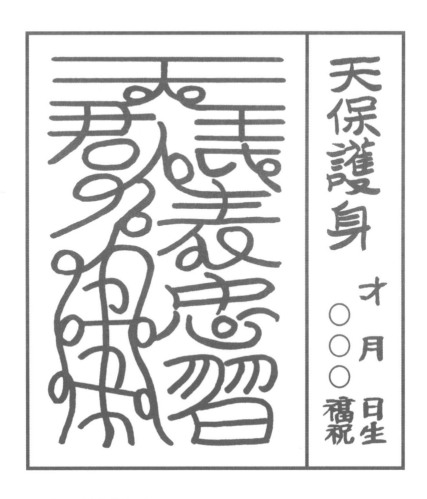

🪷 정월생호신부(1月生護身符)

검은콩과 붉은팥, 백동전(50원) 3개와 종이에 호랑이 인(寅)자 7
자를 쓴 다음 함께 싸서 안주머니에 넣고 다니면 늘 천신들이 보
호하여 액운을 물리치고 행운을 만나도록 이끌어준다.

🪷 2월생호신부(2月生護身符)

붉은팥과 푸른팥, 백동전 3개와 종이에 토끼 묘(卯)자 6자를 쓴 다음 함께 싸서 안주머니에 넣고 다니면 늘 천신들이 보호하여 액운을 물리치고 행운을 만나도록 이끌어준다.

🪷 3월생호신부(3月生護身符)

붉은팥과 검은콩, 백동전 3개와 종이에 용 진(辰)자 5자를 쓴 다음 함께 싸서 안주머니에 넣고 다니면 늘 천신들이 보호하여 액운을 물리치고 행운을 만나도록 이끌어준다.

🪷 4월생호신부(4月生護身符)

검은콩과 붉은팥, 백동전 3개와 종이에 뱀 사(巳)자 4자를 쓴 다음 함께 싸서 안주머니에 넣고 다니면 항상 천신들이 보호하여 액운을 물리치고 행운을 만나도록 이끌어준다.

🪷 5월생호신부(5月生護身符)

붉은팥과 푸른콩, 백동전 3개와 종이에 말 오(午)자 9자를 쓴 다음 함께 싸서 안주머니에 넣고 다니면 항상 천신들이 보호하여 액운을 물리치고 행운을 만나도록 이끌어준다.

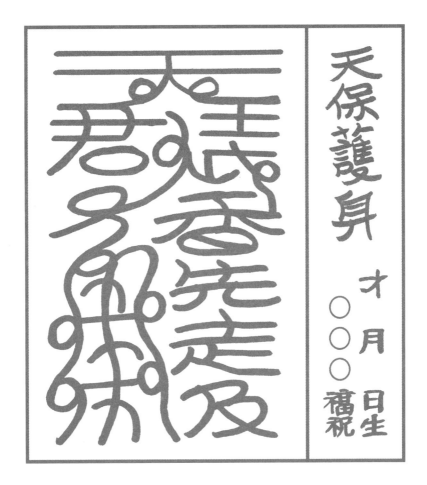

🪷 6월생호신부(6月生護身符)

붉은팥과 검은콩, 백동전 3개와 종이에 염소 양(羊)자 6자를 쓴 다음 함께 싸서 안주머니에 넣고 다니면 항상 천신들이 보호하여 액운을 물리치고 행운을 만나도록 이끌어준다.

🪷 7월생호신부(7月生護身符)

붉은팥과 검은콩, 백동전 3개와 종이에 원숭이 신(申)자 7자를 쓴 다음 함께 싸서 안주머니에 넣고 다니면 항상 천신들이 보호하여 액운을 물리치고 행운을 만나도록 이끌어준다.

🪷 8월생호신부(8月生護身符)

붉은팥과 검은콩, 백동전 3개와 종이에 닭 유(酉)자 6자를 쓴 다음 함께 싸서 안주머니에 넣고 다니면 항상 천신들이 보호하여 액운을 물리치고 행운을 만나도록 이끌어준다.

🪷 9월생호신부(9月生護身符)

 붉은팥과 푸른콩, 백동전 3개와 종이에 개 술(戌)자 5자를 쓴 다음 함께 싸서 안주머니에 넣고 다니면 항상 천신들이 보호하여 액운을 물리치고 행운을 만나도록 이끌어준다.

✿ 10월생호신부(10月生護身符)

붉은팥과 푸른콩, 백동전 3개와 종이에 돼지 해(亥)자 4자를 쓴 다음 함께 싸서 안주머니에 넣고 다니면 항상 천신들이 보호하여 액운을 물리치고 행운을 만나도록 이끌어준다.

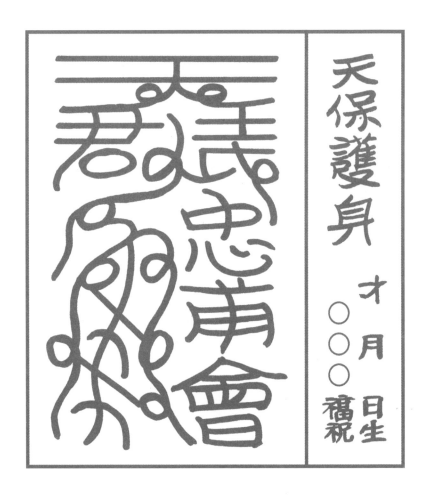

🪷 11월생호신부(11月生護身符)

붉은팥과 검은콩, 백동전 각 3개와 종이에 쥐 자(子)자 9자를 쓴
다음 함께 싸서 안주머니에 넣고 다니면 항상 천신들이 보호하여
액운을 물리치고 행운을 만나도록 이끌어준다.

🪷 12월생호신부(12月生護身符)

 붉은팥과 검은콩, 백동전 각 3개와 종이에 소 축(丑)자 8자를 쓴 다음 함께 싸서 안주머니에 넣고 다니면 항상 천신들이 보호하여 액운을 물리치고 행운을 만나도록 이끌어준다.

2.
악한 기운을 물리치고
재앙을 예방하는
벽사부적(辟邪符籍)

삼재팔난소멸부적

(三災八難消滅符籍)

삼재(三災, 화재, 수해, 풍재) 팔난(八難, 여덟 가지의 괴로움이나 어려움. 배고픔, 목마름, 추위, 더위, 물, 불, 칼, 병란)의 온갖 재앙과 우환이 자연히 소멸되고 일체의 잡귀를 물리치는 부적이다.

🪷 입삼재소멸부(入三災消滅符)

삼재운이 드는 해에 사용한다. 모든 우환과 고난이 자연히 소멸되고 액운을 물리치는 영험이 있다.

두 장을 만들어 한 장은 안방 문 위에 붙이고 다른 한 장은 탱자나무 가지에 감아 잘 싸서 안주머니에 넣고 다닌다.

🪷 출삼재소멸부(出三災消滅符)

삼재운이 나가는 해에 사용한다. 모든 우환과 고난이 자연히
소멸되고 액운을 물리치는 영험이 있다.

두 장을 만들어 한 장은 안방 문 위에 붙이고, 다른 한 장은 탱
자나무 가지에 감아 잘 싸서 안주머니에 넣고 다닌다.

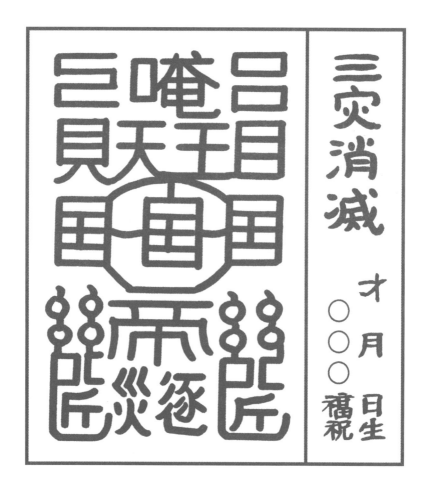

🪷 삼재소멸제살부(三災消滅祭殺符)

삼재팔난의 갖가지 재앙과 우환, 고난이 자연히 소멸되고 액운을 물리치는 영험이 있다.

두 장을 만들어 한 장은 안방 문 위에 붙이고, 다른 한 장은 탱자나무 가지에 감아 잘 싸서 안주머니에 넣고 다닌다.

🪷 삼재팔난소멸부(三災八難消滅符)

삼재운이 들은 사람이 이 부적을 그려서 가지고 다니면 삼재를 물리치는 영험이 있다.

탱자나무 가시 5개와 함께 잘 싸서 안주머니에 넣고 다닌다(탱자나무 가시가 없으면 복숭아나무를 사용해도 된다).

🪷 해오행구요형충부(解五行九曜刑冲符)

천지의 오행과 맞지 않아 빚어진 모든 악운과 잡귀, 사기를 물리치고 우환을 소멸시켜 막힌 것을 풀어주는 영험이 있다.

복숭아나무 가지에 감아 잘 싸서 안주머니에 넣고 다닌다.

🪷 삼살소멸부(三殺消滅符)

삼살 해당자가 지니면 액화와 재앙을 면하는 영험이 있다.

복숭아나무 가지에 감아 잘 싸서 안주머니에 넣고 다닌다.

🪷 대장군소멸부(大將軍消滅符)

대장군살 해당자가 지니면 액화와 재앙을 면하는 영험이 있다.
복숭아나무 가지에 감아 잘 싸서 안주머니에 넣고 다닌다.

관재구설소멸부적

(官災口舌消滅符籍)

일체의 관재구설과 소송다툼, 시비 등의 송사에
연관된 재앙과 액운을 소멸시켜 우환을 쫓아내고
안정을 찾아주는 부적이다.

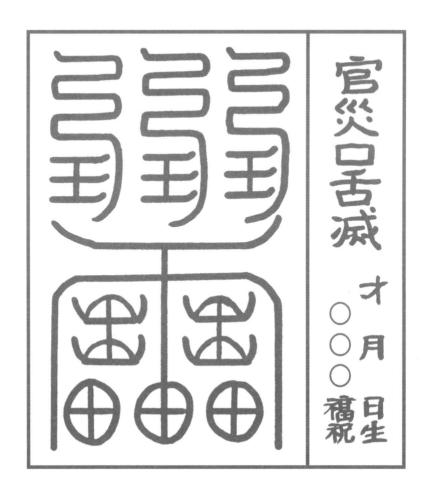

🪷 관재구설자멸부(官災口舌自滅符)

옥추경의 소산관부구설(消散官府口舌) 부적으로 모든 관재와 구설이 자연히 소멸되며 우환을 쫓아내는 영험이 있다.

두 장을 만들어 한 장은 쌀통 속에 묻어두고, 다른 한 장은 복숭아나무 가지 3개와 함께 감아 잘 싸서 안주머니에 넣고 다닌다.

156

🪷 쟁투시비소멸부(爭鬪是非消滅符)

모든 시비와 다툼, 관재, 구설 등의 액운이 소멸되며 소송이나
반목, 대립으로 생기는 우환을 소멸시키는 영험이 있다.

두 장을 만들어 한 장은 쌀통 속에 묻어두고, 다른 한 장은 버
드나무 가지에 감아 잘 싸서 안주머니에 넣고 다닌다.

이동재앙소멸부적

(移動災殃消滅符籍)

거주하는 주택, 사업장 또는 각종 물건 등의 이사
나 움직임 뒤에 따르는 재앙과 우환(금, 목, 수, 화,
토 오행 포함) 등이 천신의 위력으로 모두 소멸되는
부적이다.

🪷 이사대길부(移徙大吉符)

이사로 인한 모든 흉험함을 천신이 보호하여 없애주고 좋은 기운을 불러들여 모든 가족이 건강하고 좋은 일들만 가득할 수 있도록 해주는 영험이 있다.

새로 이사한 곳의 현관문이나 방문 위에 붙인다.

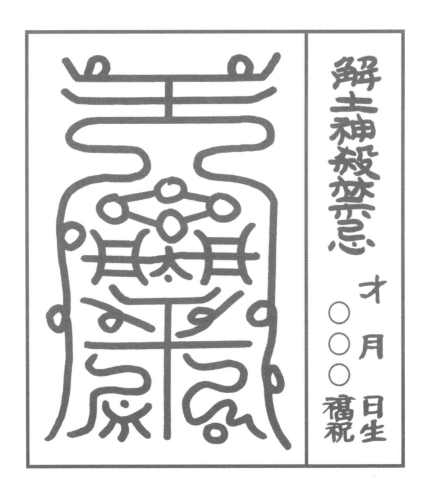

🪷 해토목신살금기부(解土木神殺禁忌符)

　일체의 나무며 흙을 다루다가 동티나 살을 범하여 발생되는 액운과 환란을 소멸시켜 쫓아내고 평안을 유지하도록 천신들이 도와주는 영험이 있다.

　복숭아나무 가지에 감아 잘 싸서 안주머니에 넣고 다닌다.

🪷 이동흉액제살부(移動胸厄除殺符)

물건이나 장소, 거주지나 사업장의 이전 및 모든 움직임으로 인하여 발생되는 액운을 천신의 힘으로 물리치고 더욱 번성하게 해주는 영험이 있다.

두 장을 만들어 한 장은 현관문이나 방문 위에 붙이고, 다른 한 장은 복숭아나무 가지에 감아 잘 싸서 금고나 쌀통 속에 묻어둔다.

🪷 이사흉험제살부(移徙凶險除殺符)

주택의 이사나 사업장 등의 이전에 따르는 모든 흉험한 우환과 잡귀 및 환란을 없애주고 쫓아내는 영험이 있다.

두 장을 만들어 한 장은 새로 이사한 곳의 현관문이나 방문 위에 붙이고, 다른 한 장은 잘 싸서 쌀통 속에 묻어둔다.

신개축발복부적

(新改築發福符籍)

주택이나 건물을 신축하거나 개축하였을 때 이로 인하여 발생하는 각종 흉살을 제거하고 일체의 재앙을 물리치고 집안에 복록과 번창을 이루게 해주는 부적이다.

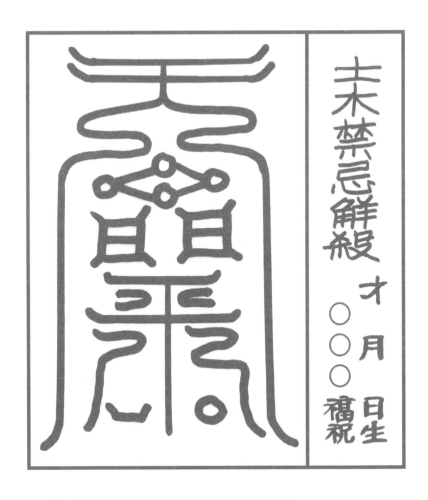

🪷 토황신살금기부(土皇神殺禁忌符)

주택이나 건물의 신축이나 개축으로 인하여 발생하는 모든 흉험한 우환과 액운을 천신의 힘으로 물리치는 영험이 있다.

두 장을 만들어 한 장은 현관문 위에 붙이고, 다른 한 장은 잘 싸서 안주머니에 넣고 다닌다.

🪷 상량발복부(上樑發福符)

집이나 건물을 새로 건축하여 상량을 할 때 부정한 사람이 방문하거나 음식으로 인해 부정을 탈 우려가 있을 때 상량문(上樑文)에 붙여두면 아무 탈이 없고 집안에 길복이 따르게 된다.

원행이동안전부적
(遠行移動安全符籍)

먼 곳으로 여행을 가거나 타국에서 오랜 기간 체류해야 할 때 천신의 힘으로 각종 사고나 질병 등 모든 우환을 물리치고 안전하게 다녀올 수 있도록 도와주는 부적이다.

🪷 원행안전부(遠行安全符)

먼 곳으로 여행을 갈 때 모든 교통수단이나 돌발사고로부터 매사에 천신이 보호하여 안전하게 다녀올 수 있도록 도와주는 영험이 있다.

잘 싸서 안주머니에 넣고 다닌다.

🪷 원행대길부(遠行大吉符)

타국에 장기간 머물 때 잡귀와 불행, 액운을 소멸시키고 천신
들이 이끌어서 평안을 유지시켜주는 영험이 있다.

두 장을 만들어 한 장은 안방 문 위에 붙이고, 다른 한 장은 버
드나무 가지에 감아 잘 싸서 안주머니에 넣고 다닌다.

외도방지부적

(外道防止符籍)

바람난 배우자와 그 상대와의 사이가 저절로 멀어지고 떨어져 나가게 되며, 좋아했던 연인이 다른 사람에게 마음이 기울어질 때 그 상대를 물리치도록 천신들이 인도하고 액운을 소멸시키는 부적이다.

🪷 외도방지부(外道防止符)

배우자의 외도를 막고 마음을 잡아 가정에 충실하게 생활할 수 있도록 하는 영험이 있다.

잘 싸서 배우자의 베개 속에 넣어둔다.

🪷 남편의 외도 상대 떼어내는 부적(逐妾遠散符籍) 1

　바람난 남편의 상대가 다른 마음을 품게 되어 스스로 떨어지게 되며 남편이 본마음을 찾아 되돌아오는 영험이 있다.

　복숭아나무 가지에 감아 잘 싸서 남편의 베개 속에 넣어둔다.

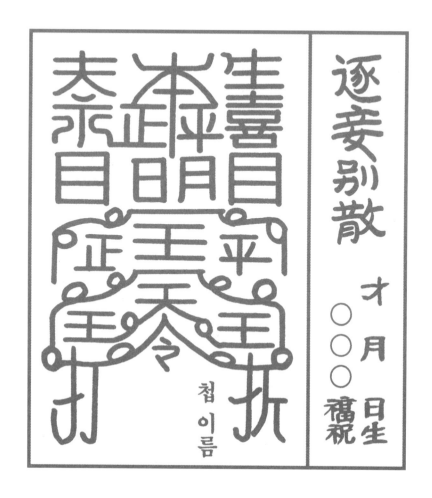

🪷 남편의 외도 상대 떼어내는 부적 2

남편과 상대 여자가 서로 불화하여 등을 돌리고 갈라서게 되며 본처에게 돌아오게 하는 영험이 있다.

대추나무 가지에 감아 잘 싸서 남편의 베개 속에 넣어둔다.

🪷 남편의 외도 상대 떼어내는 부적 3

남편과 상대 여자가 서로 미워하여 헤어지게 되며 남편의 마음이 돌아서서 집으로 돌아오게 하는 영험이 있다.

복숭아나무 가지에 감아 잘 싸서 남편이 사용하던 밥그릇에 담아둔다.

(※ 좋아하던 사람이 다른 사람에게 마음이 기울어질 때 그 연적을 물리치는데도 사용함)

우환잡귀소멸부적

(憂患雜鬼消滅符籍)

모든 우환과 잡귀, 요사 등 괴이한 재앙과 사악한 기운을 천신들이 소멸시켜 물리쳐주고 평안과 복록을 풍성하게 누리는 부적이다.

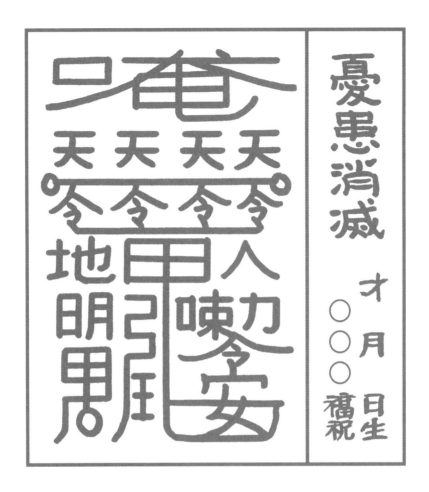

🪷 우환소멸부(憂患消滅符)

모든 우환과 근심이 소멸되고 평안을 불러들이며 재난과 불행을 막아주는 영험이 있다.

두 장을 만들어 한 장은 버드나무 가지나 복숭아나무 가지에 감아 쌀통 속에 묻어두고, 다른 한 장은 잘 싸서 안주머니에 넣고 다닌다.

🪷 소멸요사잡괴부(消滅妖邪雜怪符)

모든 요사와 잡된 기운, 괴이한 변고로 인한 우환과 재액을 소멸시키고 천신들이 보호하여 평안하게 해주는 영험이 있다.

버드나무 가지에 감아 잘 싸서 안주머니에 넣고 다닌다.

🪷 면고난재환부(免苦難災患符)

모든 고난과 재앙 및 환란을 소멸시키며 천신들이 보호하여 평안을 누리도록 이끌어주는 영험이 있다.

버드나무 가지에 감아 잘 싸서 안주머니에 넣고 다닌다.

🪷 소사요참부(消邪妖斬符)

일상생활 중에서 생성되는 모든 잡되고 속된 요사한 우환과 재앙의 기운을 물리치고 천신들이 이끌어주고 보살펴주는 영험이 있다.

두 장을 만들어 한 장은 안방 문 위에 붙이고, 다른 한 장은 버드나무 가지에 감아 잘 싸서 안주머니에 넣고 다닌다.

사고방지부적

(事故防止符籍)

생각지 못했던 예상 밖의 급작스런 사고나 위험에
처하는 액운과 환란을 천신들이 보호하고 인도하
여 재앙과 횡액을 방지하는 부적이다.

🪷 돌발사고방지부(突發事故防止符)

생각지 않았던 위험이나 갑작스런 교통사고 등 모든 예상치 않았던 돌발 사고를 방지하고 액운의 침범을 막아내는 영험이 있다.

대추나무 가지에 탱자나무 가시 3개와 함께 감아 잘 싸서 안주 머니에 넣고 다닌다.

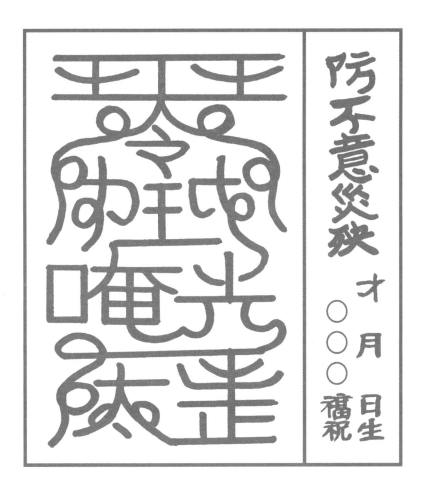

🪷 의외재난예방부(意外災難豫防符)

갑작스럽게 당하는 예상 밖의 위험과 재난 및 사고 등 위험과
재난의 침범을 천신들이 막아주는 영험이 있다.

버드나무 가지에 감아 잘 싸서 안주머니에 넣고 다닌다.

🪷 신차사고방지부(新車事故防止符)

신차를 구입하여 사고를 방지하고 안전하게 운행할 수 있도록 하는 영험이 있다.

불에 태워 재를 물에 풀어 자동차 바퀴에 뿌린다.

도적실물예방부적

(盜賊失物豫防符籍)

도적의 침입으로 인한 손해의 액운과 손재수를 예
방하고 막아주는 부적이다.

🪷 도적불침부(盜賊不侵符)

도난을 예방하고 귀중한 물건의 분실 및 손재수를 막아주는 영험이 있다.

두 장을 만들어 한 장은 대문이나 현관문 상부 기둥에 붙이고, 나머지 한 장은 잘 싸서 금고에 넣어두면 더욱 대길하다.

🪷 도적실물방지부(盜賊失物防止符)

귀중한 물건의 분실이나 도적의 침입을 예방하여 재물의 피해와 여러 가지 손실을 음양으로 막아주는 영험이 있다.

두 장을 만들어 한 장은 대문이나 현관문 상부 기둥 위에 붙이고, 다른 한 장은 복숭아나무 가지에 감아 잘 싸서 금고나 쌀통 속에 묻어둔다.

저주원망요사소멸부적

(咀呪怨望妖邪消滅符籍)

갖가지 저주와 원망 등으로 빚어지는 불행과 액운
을 천신들이 막아주고 보호해주는 부적이다.

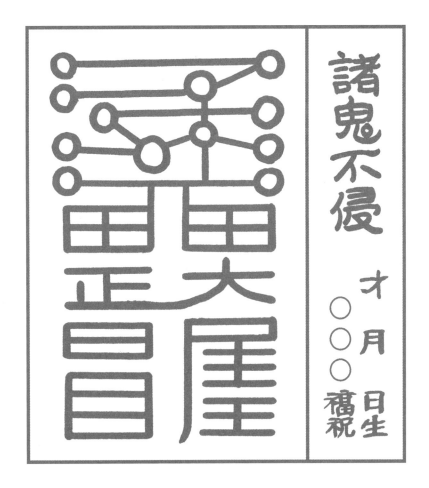

🪷 일체잡귀불침부(一切雜鬼不侵符)

모든 잡귀가 침범하지 못하게 막아주며 액운이 머물지 못하도록 쫓아내는 영험이 있다.

두 장을 만들어 한 장은 현관문이나 안방 문 위에 붙이고 다른 한 장은 복숭아나무 가지에 감아 잘 싸서 안주머니에 넣고 다닌다.

🪷 저주원환소멸부(咀呪怨患消滅符)

타인들의 저주나 모함, 원망 등에 의하여 발생되는 우환과 액
운을 천지간의 신령들이 보살피고 보호하여 불행이 침범하지 못
하게 막아주고 사악한 기운을 쫓아내는 영험이 있다.

두 장을 만들어 한 장은 쌀통 속에 묻어두고, 다른 한 장은 버
드나무 가지에 감아 잘 싸서 안주머니에 넣고 다닌다.

188

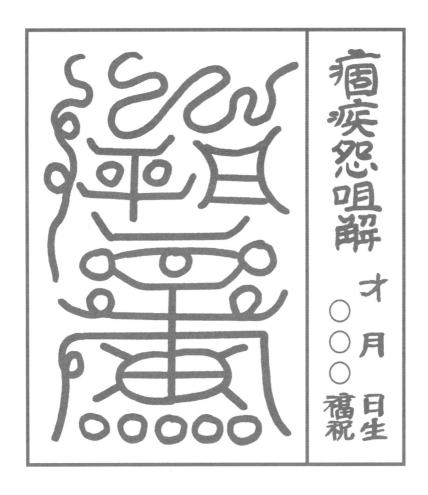

🪷 고질원한저주해살부(痼疾怨恨咀呪解殺符)

일체의 원한과 저주, 고질적인 습관으로 어쩔 수 없이 불가불 생성된 액운, 잡귀, 요사 등을 소멸시키고 살을 풀어주는 영험이 있다.

버드나무 가지에 감아 잘 싸서 안주머니에 넣고 다닌다.

🪷 관음부(觀音符)

모든 신과 불보살(佛菩薩)이 도와서 재앙을 물리치고 원하는 소
망을 원만하게 성취하는 영험이 있다.

잘 싸서 안주머니에 넣고 다닌다.

악몽퇴치숙면부적

(惡夢退治熟眠符籍)

악몽이나 가위에 눌리는 꿈을 되풀이해서 꾸거나 꿈자리가 사나워 잠을 이루기 힘들 때 천신의 위력으로 악몽이 사라지고 숙면을 취할 수 있는 부적이다.

🪷 악몽퇴치숙면부(惡夢退治熟眠符)

불길하고 무서운 꿈을 계속 꾸어 숙면을 이룰 수 없을 때 천신의 위력으로 악몽을 물리치고 잠을 잘 잘 수 있도록 하는 영험이 있다.

잘 싸서 베개 속에 넣어둔다.

🪷 악몽퇴치부(惡夢退治符)

악몽에 시달리고 상서롭지 못한 일들이 계속적으로 일어나게
될 때 악몽이 침범하지 못하게 하는 영험이 있다.

잘 싸서 베개 속에 넣거나 방문 위에 붙인다.

십이지일몽부

(十二支日夢符)

악몽을 퇴치하는 부적이다. 12지지(地支)의 날에
맞춰 부적을 쓰면 된다.

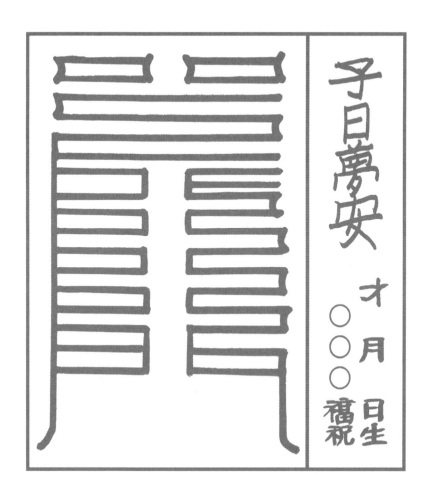

🪷 자일몽부(子日夢符)

자일 꿈에 해당하며 몸에 지니거나 베개 속에 넣어둔다.

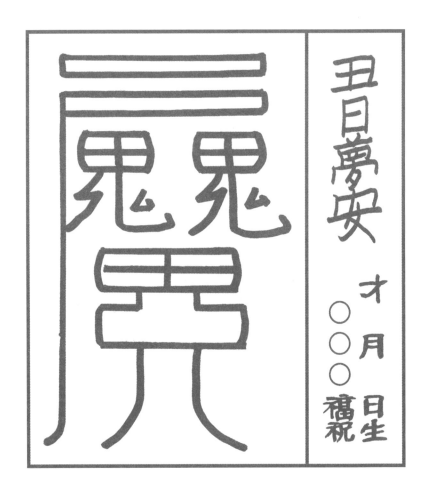

🪷 축일몽부(丑日夢符)

축일 꿈에 해당하며 몸에 지니거나 베개 속에 넣어둔다.

🪷 인일몽부(寅日夢符)

인일 꿈에 해당하며 몸에 지니거나 베개 속에 넣어둔다.

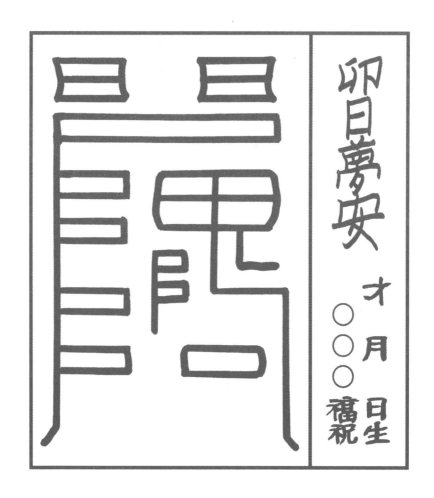

🪷 묘일몽부(卯日夢符)

묘일 꿈에 해당하며 몸에 지니거나 베개 속에 넣어둔다.

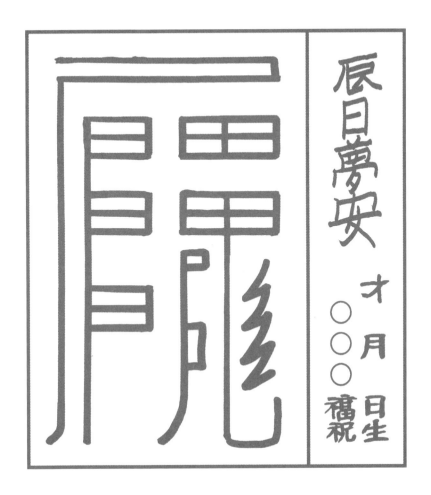

🪷 진일몽부(辰日夢符)

진일 꿈에 해당하며 몸에 지니거나 베개 속에 넣어둔다.

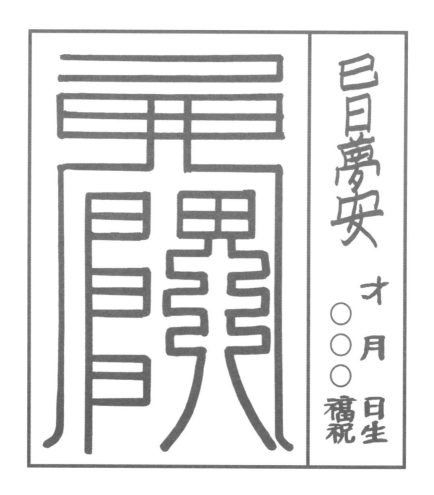

🪷 사일몽부(巳日夢符)

사일 꿈에 해당하며 몸에 지니거나 베개 속에 넣어둔다.

🪷 오일몽부(午日夢符)

오일 꿈에 해당하며 몸에 지니거나 베개 속에 넣어둔다.

🪷 미일몽부(未日夢符)

미일 꿈에 해당하며 몸에 지니거나 베개 속에 넣어둔다.

🪷 신일몽부(申日夢符)

신일 꿈에 해당하며 몸에 지니거나 베개 속에 넣어둔다.

🪷 유일몽부(酉日夢符)

유일 꿈에 해당하며 몸에 지니거나 베개 속에 넣어둔다.

🪷 **술일몽부**(戌日夢符)

술일 꿈에 해당하며 몸에 지니거나 베개 속에 넣어둔다.

🪷 해일몽부(亥日夢符)

해일 꿈에 해당하며 몸에 지니거나 베개 속에 넣어둔다.

수화재앙소멸부적

(水火災殃消滅符籍)

모든 물, 불로 연관되어 발생하는 여러 가지 우환과 재앙을 소멸시키고 항상 천신들이 보호하여 재난 등 요사와 귀살이 침범하지 못하도록 막아주는 부적이다(자연재해 포함).

🪷 화재예방부(火災豫防符)

화재(전기 포함)로 인한 재앙이 침범하지 못하도록 액운의 화마를 소멸시키고 멀리 쫓아내는 영험이 있다.

두 장을 만들어 한 장은 현관문 위에 붙이고, 다른 한 장은 주방의 남쪽 또는 화기물이 위치하는 곳의 문턱 위에 붙인다.

🪷 수재해난사고예방부(水災海難事故豫防符)

물과 관련된 모든 재앙과 환란을 천신들이 막아주고 보살펴주는 영험이 있다.

복숭아나무 가지에 감아 잘 싸서 안주머니에 넣고 다닌다.

묘지망인안정무고부적

(墓地亡人安定無故符籍)

장례를 치루거나 묘지의 수리 및 이장 등과 관련
되어 발생하는 우환과 재앙 및 죽은 망자나 혼령
으로 인한 일체의 환란과 귀살을 소멸시키고 천신
과 불보살들이 이끌고 인도하여 후손들에게 고난
이 발생하지 않게 하는 부적이다.

🪷 영생극락평안부(永生極樂平安符)

살아생전에 지은 모든 죄업이 소멸되고 천신과 불보살의 이끌음을 받아 극락세계에 태어나서 다시는 육신을 받아 환생하는 일이 없이 영원한 행복을 누리게 하는 영험이 있다.

망인의 수저에 감아 밥그릇에 담아서 묘지 마당 5걸음 이내에 묻는다.

🪷 극락왕생견불부(極樂往生見佛符)

　살아생전에 지었던 모든 죄업이 자연히 소멸되고 천신과 불보
살이 인도하여 지옥의 고통에서 벗어나 극락세계에 다시 태어나
부처님과 함께 사는 복을 받는 영험이 있다.

　망인 수저에 감아 밥그릇에 담아 묘지마당 5걸음 이내에 묻
는다.

🪷 소고안장부(掃蠱安葬符)

묘지를 움직이거나 새로 썼을 때 또는 묘지에 해충이 발생해서 생기는 재앙 또는 망자와 관련한 일체의 우환이나 재액을 천신들이 막아주고 해로움을 소멸시키는 영험이 있다.

복숭아나무 가지 7조각과 함께 잘 싸서 망인의 수저에 감아 밥그릇(없을 경우 망인의 손때가 묻은 물건으로 대신할 수 있다)에 담아 묘지마당 7걸음 이내에 묻는다.

🪷 해탈지옥고난부(解脫地獄苦難符)

살아생전에 지었던 일체의 죄업이 소멸되고 천신과 불보살의 이끌음을 받아 지옥의 고통에서 벗어나 다시 복을 받고 인간세상에 환생하게 하는 영험이 있다.

망인의 수저에 감아 잘 싸서 밥그릇에 담아 묘지마당 5걸음 이내에 묻는다.

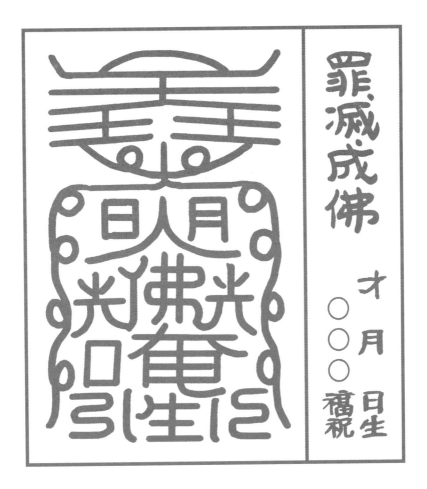

🪷 죄멸성불환생부(罪滅成佛還生符)

살아생전에 지었던 모든 죄업이 소멸되고 천신과 불보살의 위력으로 지옥의 고통에서 벗어나게 되며 복을 받아 인간세상으로 환생하게 하는 영험이 있다.

망인이 사용하던 수저에 감아 잘 싸서 밥그릇에 담아 묘지마당 5걸음 이내에 묻는다.

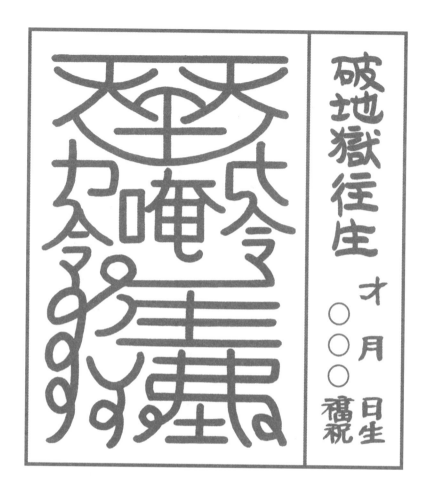

🪷 파지옥극락왕생부(破地獄極樂往生符)

살아생전의 모든 죄업이 소멸되고 모든 천신과 불보살의 위력으로 이끌음을 받아 지옥의 고통에서 벗어나 극락에 다시 태어나 행복한 삶을 누리게 하는 영험이 있다.

망인이 사용하던 수저에 감아 잘 싸서 밥그릇에 담아 묘지마당 7걸음 이내에 묻는다.

출생월별잡귀소멸부적

(出生月別雜鬼消滅符籍)

모든 잡귀와 우환이 소멸하는 부적이다. 출생한
해당 월별로 제작한다.

🪷 정월생잡귀소멸부적(正月生雜鬼消滅符籍)

정월생에 해당하는 사람이 제작한다.

버드나무 가지에 감아 잘 싸서 안주머니에 넣고 다닌다.

🌸 2월생잡귀소멸부적(2月生雜鬼消滅符籍)

2월생에 해당하는 사람이 제작한다.

버드나무 가지에 감아 잘 싸서 안주머니에 넣고 다닌다.

🪷 3월생잡귀소멸부적(3月生雜鬼消滅符籍)

3월생에 해당하는 사람이 제작한다.

버드나무 가지에 감아 잘 싸서 안주머니에 넣고 다닌다.

🪷 4월생잡귀소멸부적(4月生雜鬼消滅符籍)

4월생에 해당하는 사람이 제작한다.

버드나무 가지에 감아 잘 싸서 안주머니에 넣고 다닌다.

🪷 5월생잡귀소멸부적(5月生雜鬼消滅符籍)

5월생에 해당하는 사람이 제작한다.

버드나무 가지에 감아 잘 싸서 안주머니에 넣고 다닌다.

🪷 6월생잡귀소멸부적(6月生雜鬼消滅符籍)

6월생에 해당하는 사람이 제작한다.

버드나무 가지에 감아 잘 싸서 안주머니에 넣고 다닌다.

🪷 **7월생잡귀소멸부적(7月生雜鬼消滅符籍)**

7월생에 해당하는 사람이 제작한다.

버드나무 가지에 감아 잘 싸서 안주머니에 넣고 다닌다.

🪷 8월생잡귀소멸부적(8月生雜鬼消滅符籍)

8월생에 해당하는 사람이 제작한다.

버드나무 가지에 감아 잘 싸서 안주머니에 넣고 다닌다.

🪷 9월생잡귀소멸부적(9月生雜鬼消滅符籍)

9월생에 해당하는 사람이 제작한다.

버드나무 가지에 감아 잘 싸서 안주머니에 넣고 다닌다.

🪷 10월생잡귀소멸부적(10月生雜鬼消滅符籍)

10월생에 해당하는 사람이 제작한다.

버드나무 가지에 감아 잘 싸서 안주머니에 넣고 다닌다.

🪷 동짓달생잡귀소멸부적(11月生雜鬼消滅符籍)

11월생에 해당하는 사람이 제작한다.

버드나무 가지에 감아 잘 싸서 안주머니에 넣고 다닌다.

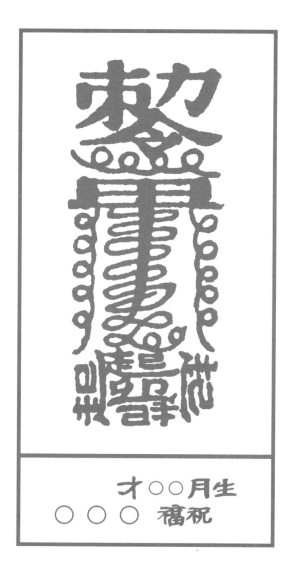

🪷 섣달생잡귀소멸부적(12月生雜鬼消滅符籍)

12월생에 해당하는 사람이 제작한다.

버드나무 가지에 감아 잘 싸서 안주머니에 넣고 다닌다.

3.
병을 예방하고 퇴치시키는
병부(病符)

질병소멸부적

(疾病消滅符籍)

앓고 있는 온갖 질병을 퇴치하고 온전하게 건강을
되찾게 하는 부적이다.

🪷 질병소멸부(疾病消滅符)

질병을 퇴치하는 부적이다. 앓고 있는 온갖 병이 치유되어 온
전하게 건강을 되찾게 되는 영험이 있다.

동쪽 400걸음 밖에 내다버린다.

10일진 천간부적

(10日辰 天干符籍)

병이 발생한 날의 일진 천간을 보아 우환을 소멸
시키는 비방 부적이다.

🪷 갑을일병부(甲乙日病符)

백동전 8개와 함께 잘 싸서 손에 들고 "기용임아, 기용임아, 기용임아 우환질병을 다 쓸어가거라."라고 외치고 동쪽 400걸음 밖에 내다버리면 우환이 소멸하는 영험이 있다.

🪷 병정일병부(丙丁日病符)

백동전 7개와 함께 잘 싸서 손에 들고 "우봉련아, 우봉련아, 우봉련아 우환질병을 다 쓸어가거라."라고 외치고 남쪽 400걸음 밖에 내다버리면 우환이 소멸하는 영험이 있다.

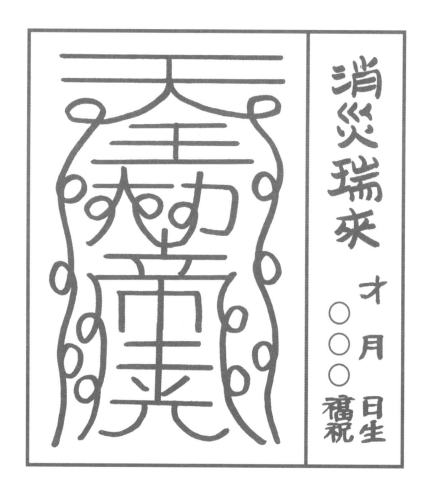

🪷 무기일병부(戊己日病符)

백동전 10개와 함께 잘 싸서 손에 들고 "풍유신아, 풍유신아, 풍유신아 우환질병을 다 쓸어가거라."라고 외치고 서남쪽 400걸 음 밖에 내다버리면 우환이 소멸하는 영험이 있다.

🪷 경신일병부(庚申日病符)

백동전 9개와 함께 잘 싸서 손에 들고 "맹분아, 맹분아, 맹분아 우환질병을 다 쓸어가거라."라고 외치고 서쪽 150걸음 밖에 내다 버리면 우환이 소멸하는 영험이 있다.

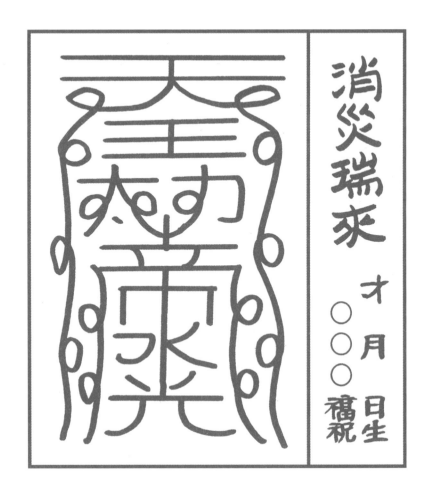

🪷 임계일병부(壬癸日病符)

백동전 6개와 함께 잘 싸서 손에 들고 "임무생아, 임무생아, 임무생아 우환질병을 다 쓸어가거라."라고 외치고 북쪽 160걸음 밖에 내다버리면 우환이 소멸하는 영험이 있다.

12일진 지지부적

(12日辰 地支符籍)

병이 발생한 날의 일진 지지를 보아 우환을 소멸
시키는 비방 부적이다.

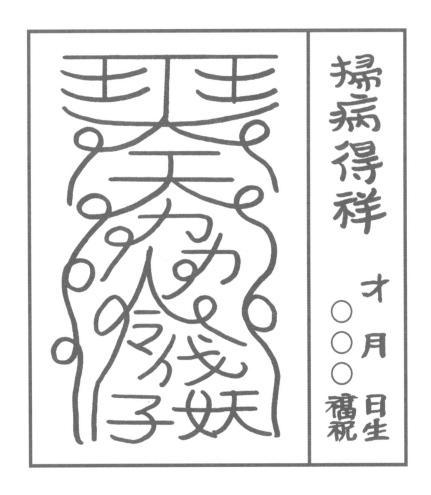

🪷 자일병부(子日病符)

3, 4일 전에 술과 고기 등 음식이 오고갔거나 나무와 쇠를 다루었거나, 혹은 부모형제의 출산으로 인해 액귀가 침범한 동티이다. 백미밥 3공기와 술과 안주를 갖춰 성조대신(成造大神)에게 기도하고 말 마(馬)자 4장을 써서 청주 한 잔을 뿌린 후에 잘 싸서 북쪽 19걸음 밖에 내다버린다.

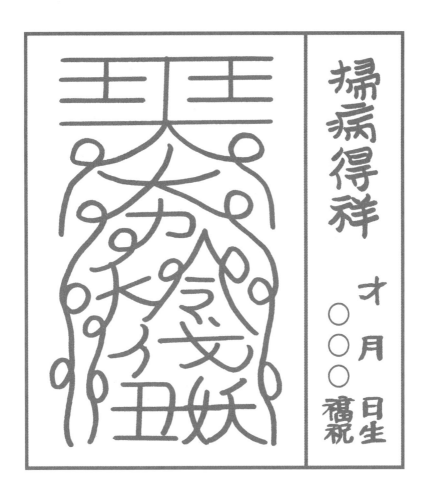

🪷 축일병부(丑日病符)

5, 6일 전에 서북쪽의 흙을 다뤘거나 동쪽으로 물이나 음식이 오고가서 생긴 동티이다. 성조대신에게 백미밥 3공기와 술과 안주를 갖춰 기도하고 말 마(馬)자 7장을 써서 청주 한 잔을 뿌린 후에 잘 싸서 서북쪽 140걸음 밖에 내다버린다.

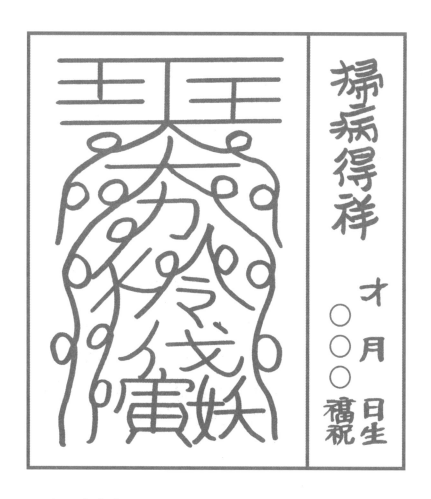

🪷 **인일병부(寅日病符)**

외부 출입을 잘못하였거나, 문서가 오고가면서, 나무와 쇠 혹은 주방을 수리하다가 생긴 동티이다. 성조대신에게 술과 안주를 갖춰 기도한 후 말 마(馬)자 7장을 써서 청주 한 잔을 뿌린 후에 잘 싸서 북쪽 140걸음 밖에 내다버린다.

🪷 묘일병부(卯日病符)

7, 8일 전에 나무와 돌을 다루었거나 외부 출입을 잘못하여 부정을 타서 조왕과 성조대신이 노하여 생긴 동티이다. 백미밥 3공기와 술과 안주를 갖춰 조왕신과 성조대신 및 조상신령들에게 무고를 기도한 후 말 마(馬)자 7장을 써서 청주 한 잔을 뿌려 잘 싸서 남쪽 170걸음 밖에 내다버린다.

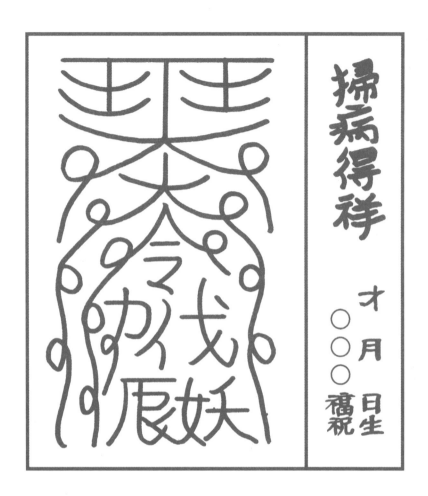

🪷 진일병부(辰日病符)

외부 출입을 잘못하였거나 우물이나 하수도 또는 동남쪽과 서북쪽을 범하여 생긴 동티이다. 술과 안주를 갖춰 조왕신에게 기도한 후 말 마(馬)자 7장을 써서 청주 한 잔을 뿌려 잘 싸서 남쪽 170걸음 밖에 내다버린다.

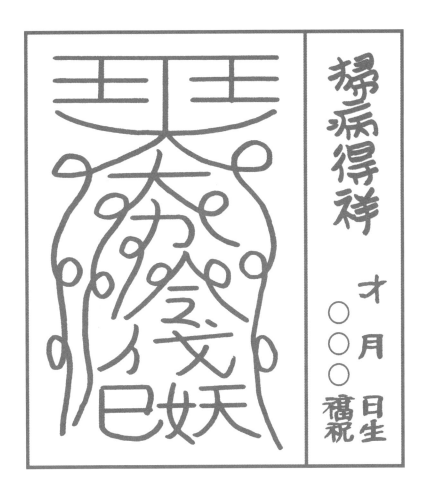

🪷 사일병부(巳日病符)

집을 수리하거나 서북쪽과 동남쪽을 출입하다가 생긴 동티이
다. 성조대신에게 술과 안주를 갖추어 기도하고 말 마(馬)자 7장
을 써서 청주 한 잔을 뿌려 잘 싸서 동쪽 170걸음 밖에 내다버
린다.

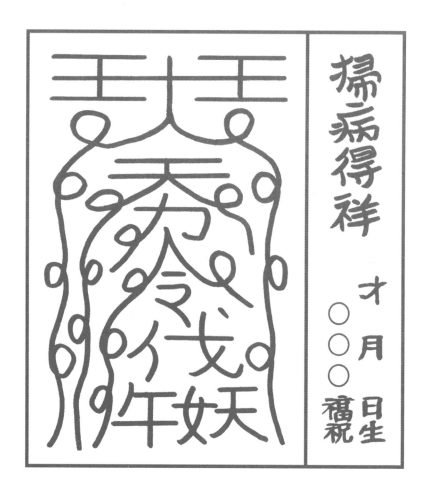

🪷 오일병부(午日病符)

집을 수리하거나 옷을 새로 구입하였거나 고기를 잘못 먹어서 생긴 동티이다. 성조대신에게 술과 안주를 갖춰 기도한 후 조상신에게 속히 쾌차하기를 빌고 말 마(馬)자 9장을 써서 청주 한 잔을 뿌려 잘 싸서 동쪽 140걸음 밖에 내다버린다.

🪷 미일병부(未日病符)

북쪽의 흙과 나무를 다루거나 외부 출입을 잘못하여 생긴 동티
이다. 성조대신에게 술과 안주를 갖춰 기도하고 배고프게 죽은
귀신들을 위로한 뒤 말 마(馬)자 3장을 써서 청주 한 잔을 뿌려 잘
싸서 동쪽 150걸음 밖에 내다버린다.

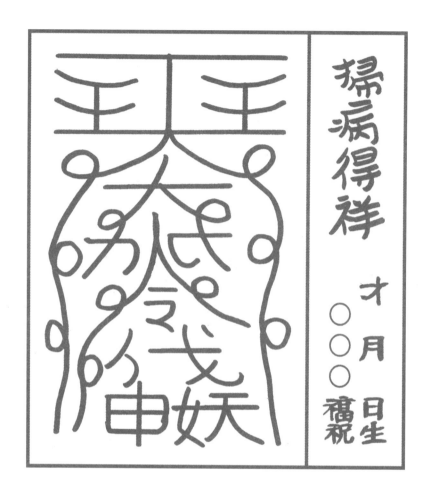

🪷 신일병부(申日病符)

　동쪽으로 재물이 오고갔거나 나무와 돌 혹은 주방을 수리하면 서 생긴 동티이다. 주방왕신에게 술과 안주를 갖춰 기도하고 말 마(馬)자 5장을 써서 청주 한 잔을 뿌려 잘 싸서 동쪽 190걸음 밖 에 내다버린다.

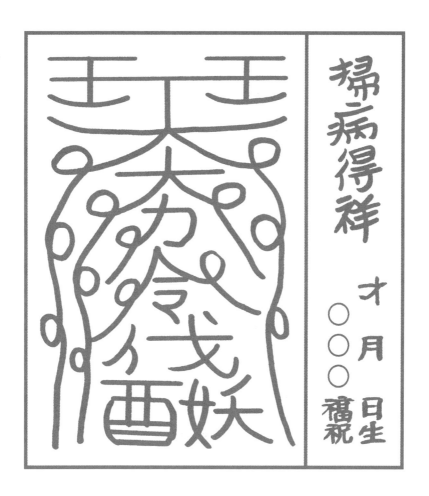

🪷 유일병부(酉日病符)

서쪽이나 동쪽에 음식이나 재물이 오고갔거나 집을 수리하면서 생긴 동티이다. 술과 안주를 갖춰 조왕신과 성조대신에게 기도하고 말 마(馬)자 7장을 써서 청주 한 잔을 뿌려 잘 싸서 서쪽 100걸음 밖에 내다버린다.

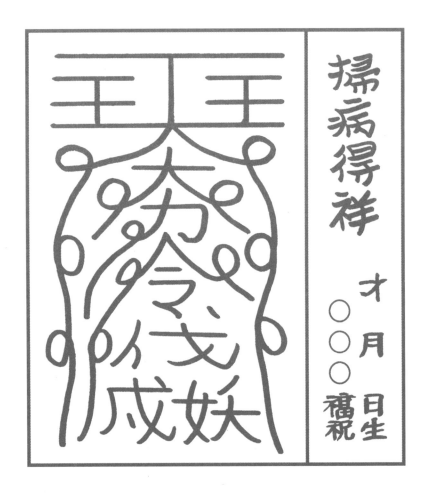

🪷 술일병부(戌日病符)

  외부 출입을 잘못하였거나 집이나 하수도를 수리했거나 색깔
있는 물건이 오고갔거나 쇠를 만져서 생긴 동티이다. 조왕신과
성조대신에게 술과 안주를 갖춰 기도하고 말 마(馬)자 7장을 써서
청주 한 잔을 뿌려 잘 싸서 남쪽 100걸음 밖에 내다버린다.

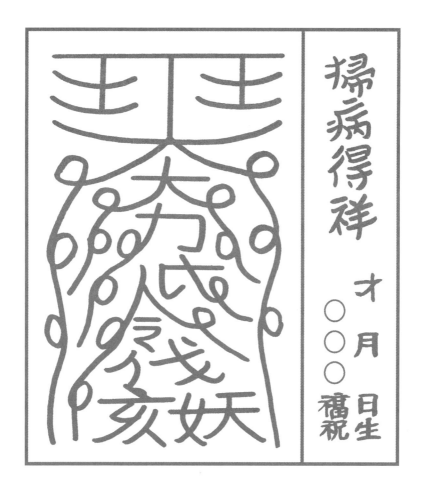

🪷 해일병부(亥日病符)

　동쪽과 서쪽으로 흙과 나무 혹은 재물이 오고가면서 길거리의
객귀가 묻어들어 온 동티이다. 성조대신에게 술과 안주를 갖춰
기도하고 말 마(馬)자 9장을 써서 청주 한 잔을 뿌려 잘 싸서 남쪽
140걸음 밖에 내다버린다.

30일진 부적
(30日辰 符籍)

병이 발생한 날짜를 보아 질병을 소멸시키는 비방
부적이다.

🪷 초하루병부(初1日病符)

동남쪽 목신과 길거리 객귀로 인한 동티이다. 환자의 헌 내의에 손톱과 머리카락을 잘라 동전 5개와 함께 잘 싸서 동남쪽 140 걸음 밖에 내다버린다.

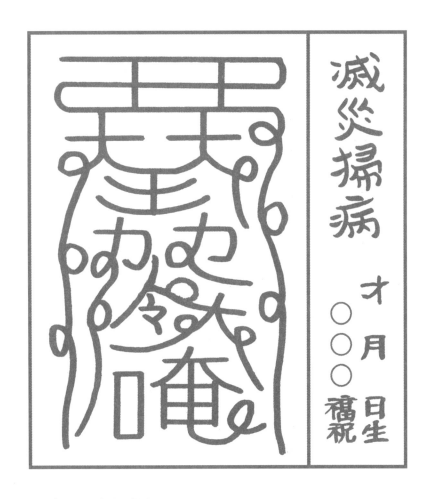

🪷 초이틀병부(初2日病符)

동쪽이나 남쪽의 늙은 친척 객귀로 인한 동티이다. 환자의 헌 내의에 손톱과 머리카락을 잘라 동전 7개와 함께 잘 싸서 동남쪽 130걸음 밖에 내다버린다.

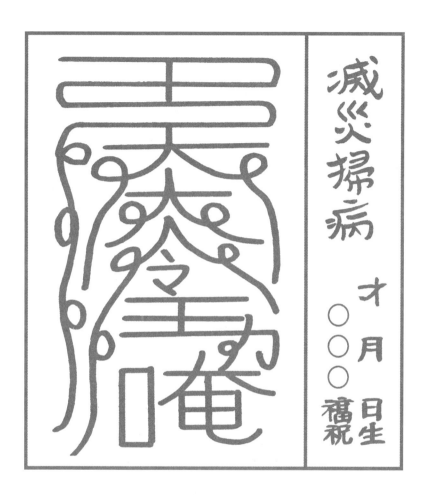

🪷 초사흘병부(初3日病符)

북쪽이나 서쪽의 친척 객귀로 인한 동티이다. 환자의 헌 내의에 머리카락과 손톱을 잘라 동전 9개와 함께 잘 싸서 북쪽 200걸음 밖에 내다버린다.

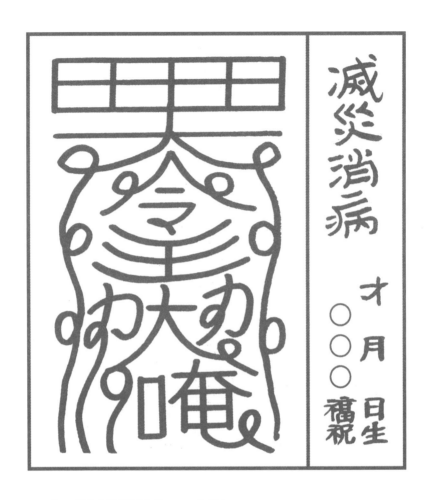

🪷 초나흘병부(初4日病符)

동북쪽의 객귀로 인해 생긴 동티이다. 환자의 헌 내의에 동전 5개와 함께 잘 싸서 동쪽 150걸음 밖에 내다버린다.

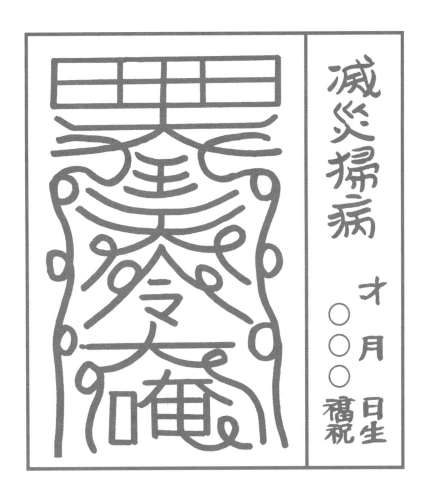

🪷 초닷새병부(初5日病符)

동북쪽 목석귀로 인한 동티이다. 환자의 헌 내의에 머리카락과 손톱을 잘라 동전 8개와 함께 잘 싸서 동북쪽 150걸음 밖에 내다 버린다.

🪷 초엿새병부(初6日病符)

　동방의 목신이 부리는 황두귀로 인한 동티이다. 환자의 헌 내의에 손톱과 머리카락을 잘라 동전 8개와 함께 잘 싸서 동남쪽 140걸음 밖에 내다버린다.

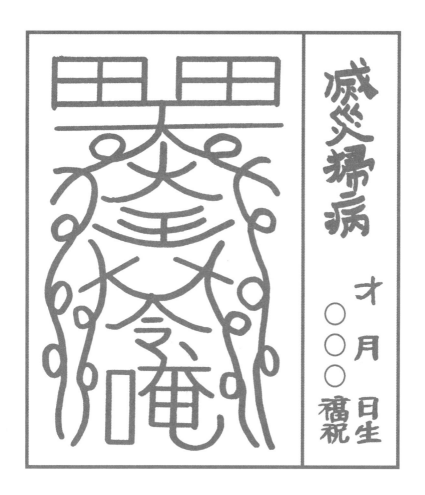

🪷 초이레병부(初7日病符)

동북쪽 토지신이 부리는 귀졸(鬼卒)로 인한 동티이다. 환자의
헌 내의에 손톱과 머리카락을 잘라 동전 7개와 함께 잘 싸서 동
남쪽 30걸음 밖에 내다버린다.

🪷 초여드레병부(初8日病符)

동북쪽 토지신귀의 동티이다. 환자의 헌 내의에 손톱과 머리카락을 잘라 동전 5개와 함께 잘 싸서 동북쪽 120걸음 밖에 내다버린다.

🪷 초아흐레병부(初9日病符)

남쪽의 친척 객귀로 인한 동티이다. 환자의 헌 내의에 손톱과
머리카락을 잘라 동전 9개와 함께 잘 싸서 남쪽 130걸음 밖에 내
다버린다.

🪷 초열흘병부(初10日病符)

동쪽 산비탈에 떠도는 주인 없는 객귀로 인한 동티이다. 환자의 헌 내의에 손톱과 머리카락을 잘라 동전 7개와 함께 잘 싸서 동쪽 140걸음 밖에 내다버린다.

🪷 열하루병부(11日病符)

북방산 언덕에 떠도는 죽은 객귀로 인한 동티이다. 환자의 헌 내의에 손톱과 머리카락을 잘라 동전 5개와 함께 잘 싸서 북쪽 140걸음 밖에 내다버린다.

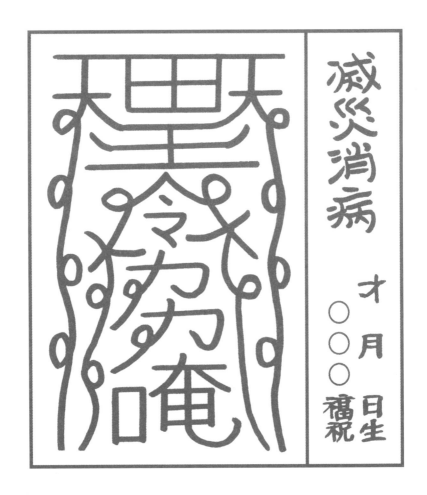

🪷 열이틀병부(12日病符)

동북쪽 토지신이 부리는 귀졸로 인한 동티이다. 환자의 헌 내
의에 손톱과 머리카락을 잘라 동전 7개와 함께 잘 싸서 동북쪽
130걸음 밖에 내다버린다.

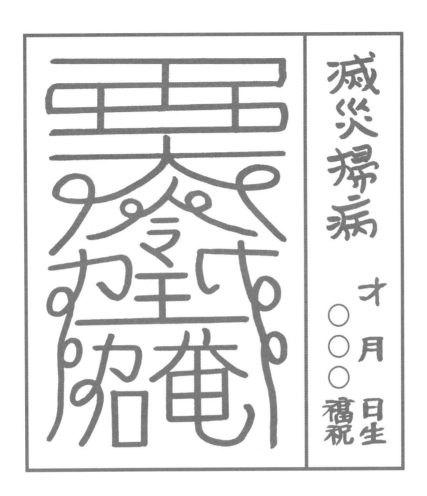

🪷 **열사흘병부**(13日病符)

동북쪽 소녀객귀로 인한 동티이다. 환자의 헌 내의에 손톱과
머리카락을 잘라 동전 9개와 함께 잘 싸서 동북쪽 150걸음 밖에
내다버린다.

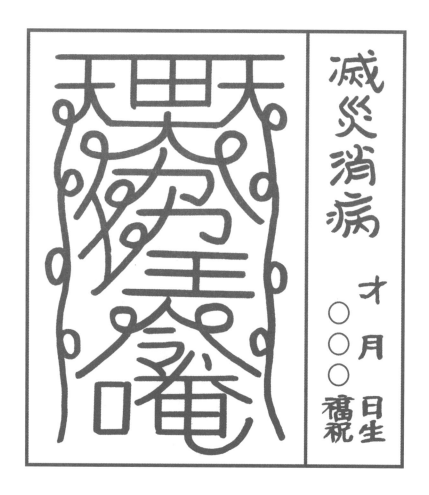

🪷 열나흘병부(14日病符)

동쪽의 토지신이 부리는 귀졸로 인한 동티이다. 환자의 헌 내
의에 손톱과 머리카락을 잘라 동전 7개와 함께 잘 싸서 동쪽 130
걸음 밖에 내다버린다.

🪷 **열닷새병부**(15日病符)

남쪽의 화신(火神)이 부리는 귀졸로 인한 동티이다. 환자의 헌 내의에 손톱과 머리카락을 잘라 동전 9개와 함께 잘 싸서 남쪽 170걸음 밖에 내다버린다.

🪷 열엿새병부(16日病符)

　서남쪽의 친척 객귀로 인한 동티이다. 환자의 헌 내의에 손톱과 머리카락을 잘라 동전 5개와 함께 잘 싸서 서남쪽 140걸음 밖에 내다버린다.

🪷 **열이레병부**(17日病符)

　서쪽의 소년객귀로 인한 동티이다. 환자의 헌 내의에 손톱과 머리카락을 잘라 동전 7개와 함께 잘 싸서 서쪽 130걸음 밖에 내다버린다.

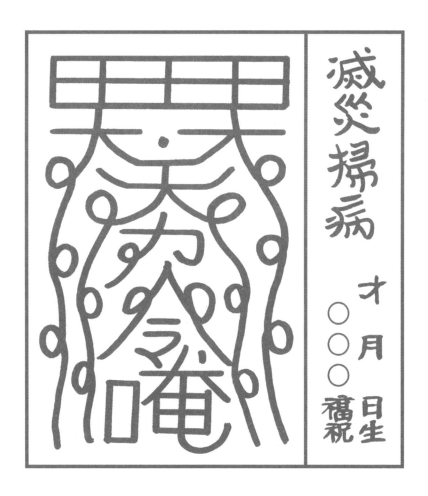

🪷 열여드레병부(18日病符)

서남쪽 식물객귀로 인한 동티이다. 환자의 헌 내의에 손톱과 머리카락을 잘라 동전 9개와 함께 잘 싸서 서남쪽 190걸음 밖에 내다버린다.

🪷 **열아흐레병부**(19日病符)

북쪽의 여자 원한객귀로 인한 동티이다. 환자의 헌 내의에 손톱과 머리카락을 잘라 동전 5개와 함께 잘 싸서 북쪽 130걸음 밖에 내다버린다.

🪷 스무날병부(20日病符)

동북쪽 토지신이 부리는 귀졸로 인한 동티이다. 환자의 헌 내의에 손톱과 머리카락을 잘라 동전 7개와 함께 잘 싸서 동북쪽 150걸음 밖에 내다버린다.

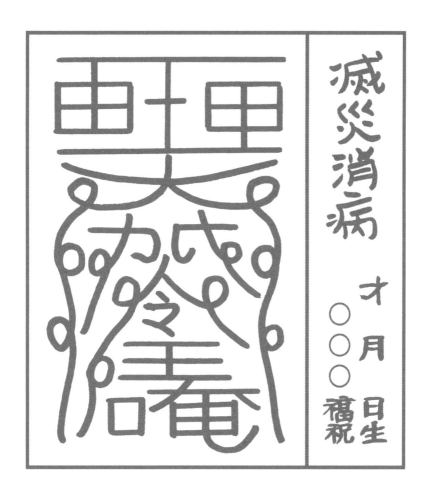

🪷 스무하루병부(21日病符)

　북쪽의 친척 소년객귀로 인한 동티이다. 환자의 헌 내의에 손
톱과 머리카락을 잘라 동전 8개와 함께 잘 싸서 북쪽 140걸음 밖
에 내다버린다.

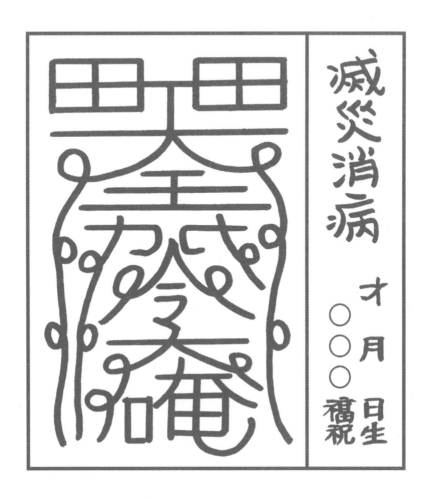

🪷 스무이틀병부(22日病符)

　동쪽의 물에 빠져 죽은 객귀로 인한 동티이다. 환자의 헌 내의에 손톱과 머리카락을 잘라 동전 7개와 함께 잘 싸서 동쪽 130걸음 밖에 내다버린다.

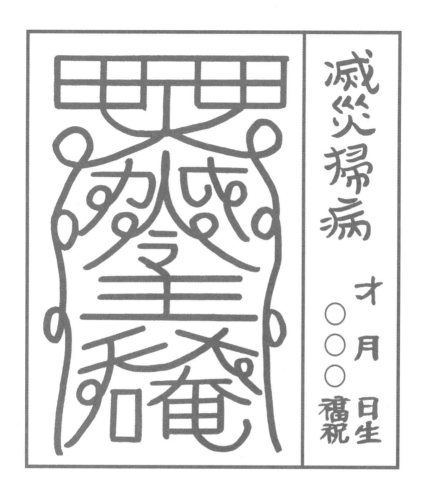

🪷 스무사흘병부(23日病符)

　서남쪽 출산 불행사귀(不幸死鬼)로 인한 동티이다. 환자의 헌
내의에 손톱과 머리카락을 잘라 동전 9개와 함께 잘 싸서 서남쪽
140걸음 밖에 내다버린다.

🪷 스무나흘병부(24日病符)

　서남쪽 허공에 떠도는 여자객귀로 인한 동티이다. 환자의 헌
내의에 손톱과 머리카락을 잘라 동전 5개와 함께 잘 싸서 서남쪽
150걸음 밖에 내다버린다.

🪷 스무닷새병부(20日病符)

서쪽의 금신(金神)이 부리는 귀졸로 인한 동티이다. 환자의 헌
내의에 손톱과 머리카락을 잘라 동전 9개와 함께 잘 싸서 서쪽
140걸음 밖에 내다버린다.

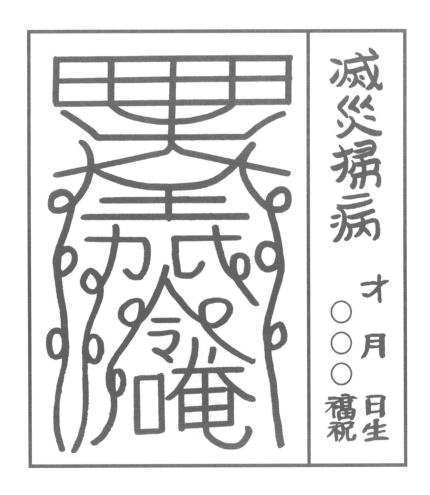

🪷 스무엿새병부(26日病符)

서북쪽 서당객귀나 집안의 친척객귀로 인한 동티이다. 환자의
헌 내의에 손톱과 머리카락을 잘라 동전 7개와 함께 잘 싸서 서
북쪽 150걸음 밖에 내다버린다.

🪷 스무이레병부(27日病符)

동방신이 부리는 남귀로 인한 동티이다. 환자의 헌 내의에 손톱과 머리카락을 잘라 동전 8개와 함께 잘 싸서 동쪽 130걸음 밖에 내다버린다.

🪷 스무여드레병부(28日病符)

서방신이 부리는 소녀귀로 인한 동티이다. 환자의 헌 내의에 손톱과 머리카락을 잘라 동전 6개와 함께 잘 싸서 북쪽 140걸음 밖에 내다버린다.

🪷 스무아흐레병부(29日病符)

동남쪽 토지귀로 인한 동티이다. 환자의 헌 내의에 손톱과 머리카락을 잘라 동전 9개와 함께 잘 싸서 동남쪽 140걸음 밖에 내다버린다.

🪷 그믐날병부(30日病符)

동북쪽 산중에 떠도는 남자객귀로 인한 동티이다. 환자의 헌 내의에 손톱과 머리카락을 잘라 잘 싸서 동북쪽 140걸음 밖에 내다버린다.

제 **3** 장

인생 부적

인생을 좌우하는 것은 지혜가 아니라 운명이다. 운명에 순응할 줄 아는 자는 굳이 천리(天理)를 바르지 못한 행실로 역행하려 들지 아니하며, 자신의 한계를 깨우치는 자는 신명의 운행을 슬기롭게 받아들여 불행과 환란을 자초하지 아니한다.

천명(天命)을 따르고 분수를 지키면서 선현들의 예지를 본받아 안신입명(安身立命)할 줄 아는 이야말로 참답고 가치 있는 행복을 누릴 수 있을 것이다.

1. 인생삼난(人生三難, 세상을 사는데 세 가지 어려움)

무릇 사람에게는 상하의 구별이 있어 윗사람과 아랫사람, 귀한 사람과 천한 사람으로 나뉘게 되니   (人有上下 尊卑貴賤)

윗사람 노릇하기도 어렵고 아랫사람 노릇하기도 어렵다.

(上亦難 下亦難)

윗사람의 입장에 처하게 되면 두루 원망이 없도록 평탄하게 베풀기 어렵고   (居上周和 調平難)

아랫사람이 되면 윗사람 받들음에 정성을 다하여도 윗사람의 만족을 얻기가 어렵다.   (在下不過 奉誠難)

사람으로 태어남에 가난하거나 부유한 가정에 태어나는 것이
자신의 욕망과는 아무런 관계가 없으니　　　(人有貧富 無關自望)

가난한 것도 어렵고 부귀한 것도 역시 어렵다.　(貧亦難 富亦難)

빈궁한 처지에 빠지면 지극히 성실하고 근면하여도 그 궁색하
고 각박한 가난을 벗어나기가 어렵고　　　(在貧爲勤 脫窮難)

부자가 되어서는 욕심을 그치고 남에게 은혜와 덕을 베풀기가
어렵다.　　　　　　　　　　　　　　(居富止慾 惠德難)

사람에게는 반드시 생사의 명운이 있어 하늘이 명하는 대로 죽
고 사는 것이 정해지니　　　　　　　(人有生死 都在天命)

사는 것도 어렵고 죽는 것도 역시 어렵다.　　(生亦難 死亦難)

살아생전에는 올바른 뜻을 기르고 본심을 지키기가 어렵고

(居生養志 本心難)

죽음 앞에서는 마음을 고요히 가지고 평온하기가 어렵다.

(臨死持靜 心閑難)

2. 운곡주인 인생부(雲谷主人 人生賦) -兪 晴雲

사람이 태어나 땅에 떨어지면 생김새나 마음 쓰는 것이 모두
다 다르고　　　　　　　　　(人生落地而不同體形亦異心)

생명이 붙어있는 동안 자기가 한없이 늙지 않는 청춘이기를 즐
거워하며　　　　　　　(活命之間而皆自無限好不老)

장수, 단명, 행복, 불행이 하늘이 정한 운수요 천명이라.
　　　　　　　　　　　　(壽夭幸不幸而都是天定運命)

가는 세월이 쉬지 않고 흐르는 물과 같이 지나쳐서
　　　　　　　　　　　　(去年歲月而不休於如流水矣)

세상살이 칠십을 순식간에 당도하여 지난날을 돌아보면
　　　　　　　　　　　　(世間七十而瞬時於焉于堂到)

어제 붉었던 얼굴이 오늘에 이르러 백발이 되었음은 어인일
인가.　　　　　　　(如昨紅顔而至今日白髮何故)

지금에 와서 보니 평생에 지나온 일이 우습고 허무한 것뿐이
라.　　　　　　　　(今至覺知而不生事可有笑虛)

걱정하고 근심하고 생각하고 염려하고 고생하며 노동하다 죽
음에 이르니　　　　　　(憂愁思慮而苦努而至於終身)

몸이 쇠약해지고 백 가지 병이 들어 아프지 않은 곳이 없고
　　　　　　　　　　　　(氣血衰弱百病侵入無不痛)

뜬구름 꿈과 같이 이름 없고 자취 없이 빈손으로 가는데
　　　　　　　　　　　　(如浮雲夢而無名無跡空手去)

고금에 풍운을 드리우던 영웅호걸들이 힘과 지혜가 모자라 죽었으랴.　　　　　　　　　　　　　(古今風雲英傑而何力知未能哉)

하염없이 바뀌는 세월만은 지엄한 영예와 위엄으로도 거부할 수가 없더라.　　　　　　　　　　(移換星歲者至高榮威不可抗)

혼과 정신은 공중으로 사라지고 뼈와 살은 흙으로 돌아가서　　　　　　　　　　　　(魂神消飛空中體魄化散還土)

봄 여름 가을 겨울은 변하지 않고 오는데 사람은 한번 가면 다시 오지 않더라.　　　　　　(四時不變人生一去更不有來)

몽매한 인생들이 짊어지게 되는 고난과 재앙을 덜어주기 위해
절차와 규범을 갖추어 최초로 사용상의 정법(正法)을
가르쳤다고 하는 이 묘방의 부적이
여러분을 실망시키거나 헛된 수고가 되지 않을 것을 확신한다.

참고문헌
『한국무속의 종합적 고찰』(김인회 외, 고려대학교 민족문화연구소, 1982)
『한국인의 생활의식과 민중예술』(성균관대학교 출판부, 1983) / 한국민족문화대백과사전